Ferdinando Leonzio

La diaspora del comunismo italiano

ZeroBook
2017

Titolo originario: *La diaspora del comunismo italiano* / di Ferdinando Leonzio

Questo libro è stato edito da ZeroBook: www.zerobook.it.
Prima edizione: novembre 2017
ebook: ISBN 978-88-6711-127-5
book: ISBN 978-88-6711-128-2

Controllo qualità ZeroBook: se trovi un errore, segnalacelo!
Email: zerobook@girodivite.it

In copertina: *Funerali di Togliatti* (1972) di Renato Guttuso. Il quadro, prima alle Frattocchie – la scuola di partito del PCI – è al MAMbo di Bologna.

Indice generale

Introduzione...7

I. Il Partito Comunista d'Italia (1921-1943)................................9

II. Il Partito Comunista Italiano (1943-1991)............................19

III. Altri comunismi..31

    Troskismo..31

    Bordighismo..46

    Maoismo..59

    Altri 71

IV. Lo scioglimento del PCI..84

V. Il Partito Democratico della Sinistra....................................90

VI. Il Partito della Rifondazione Comunista..............................98

VII. I Democratici di Sinistra...112

VIII. L'Unione...120

IX. Il Partito Democratico..134

X. Il ritorno della destra...140

XI. Il ritorno della sinistra...153

XII. L'attualità...174

Appendice. Simbologia e dintorni..188

    La parola Comunismo..188

    La Parola Compagno...190

    La bandiera rossa...192

    La falce e il martello...195

    La stella a cinque punte...197

    Il pugno chiuso...198

    Il sole nascente..199

    Il libro aperto...200

    L'Internazionale...200

Indice analitico...205

Nota di edizione...217

    Questo libro...217

    L'autore..217

    Le edizioni ZeroBook...218

Introduzione

Chi fosse tuttora convinto che il mondo comunista sia stato, o sia ancora, un blocco monolitico, ideologicamente compatto, che a file serrate marcia verso l'immancabile vittoria, è bene che si tolga subito quest'idea dalla testa: per farlo gli basterà sfogliare questo libro, che pure riguarda il solo movimento comunista italiano.

Del comunismo, infatti, ci sono state: una versione "ufficiale", prima stalinista e in seguito poststalinista, praticata nell'URSS e in vari paesi cosiddetti "satelliti"; una versione troskista, risalente alla dottrina della *rivoluzione permanente* di Lev Trotsky; un'altra "titoista", caratterizzata dall'*autogestione* in politica interna e dal neutralismo in politica estera, realizzata dalla Jugoslavia di Tito; un'altra ancora, "maoista", successivamente rinvigorita dalla *rivoluzione culturale*, nella Cina di Mao Tse Tung e poi raccolta e accentuata dall'Albania di Enver Hoxha; e, ancora, una versione popolare-rivoluzionaria, dai forti tratti antimperialisti, nella Cuba di Fidel Castro, una "occidentale" con aperture filosocialiste, detta *eurocomunismo*; una nordcoreana, il cui vertice presenta addirittura aspetti "dinastici": dal fondatore Kim il-sung a suo figlio Kim Jong-il e al nipote Kim Jong-un.

Anche in Italia la galassia comunista e postcomunista è particolarmente affollata. Vi si può trovare di tutto: veterocomunisti incalliti, aspiranti neosocialdemocratici, eroi della Resistenza, martiri dell'Idea, persone serie e preparate, opportunisti, settari, visionari, sognatori... Una storia fatta di fedeltà, abiure, fusioni, scissioni, polemiche, rientri, rotture, "deviazioni", scomuniche, abbandoni. Un universo popolato di stelle rosse, ma più spesso di meteore.

Ma anche una pagina di storia molto interessante, rientrante a pieno titolo nel mio progetto di realizzare una trilogia sulle suddivisioni dei più grandi filoni dello scenario politico dell'Italia contemporanea.

Da questo disegno non poteva perciò mancare il movimento comunista, la cui importanza storica è indiscutibile. A tal proposito, ho ritenuto opportuno, spingendomi fino al 2017, accennare nel testo a tutti i partiti o movimenti italiani che si sono autodefiniti "comunisti" (e ai loro "discendenti"), indipendentemente dal fatto se lo siano stati veramente o meno, purché operanti secondo l'art. 49 della Costituzione.

Sono stati però esclusi i gruppi di rilevanza meramente localistica e quelli di durata effimera.

In ogni caso questo libro non ha la pretesa della completezza, sebbene l'autore ne garantisca la serietà. L'autore, inoltre, ha voluto risparmiare ai lettori la riproduzione di pesanti, prolissi e spesso noiosi documenti di partito.

FL

Si segnala, per coloro che volessero essere informati sui simboli che sono stati espressi dal movimento comunista italiano, il sito internet

www.isimbolidelladiscordia.it

gestito da Gabriele Maestri, ricercatore dell'Università di Roma Tre e studioso dell'argomento.

I. Il Partito Comunista d'Italia (1921-1943)

Compagni amici, e compagni avversari; non voglio, non debbo dire nemici

(Filippo Turati)

La guerra mondiale del 1914-18, oltre che un'immane tragedia per l'intera umanità, fu anche causa di rotture irreversibili nel movimento operaio internazionale. La Seconda Internazionale socialista andò in frantumi, soprattutto a causa delle scelte dei suoi maggiori partiti, quali, ad esempio, quello tedesco e quello francese, i quali decisero di sostenere lo sforzo bellico delle rispettiva nazioni, rinnegando così di fatto l'internazionalismo proletario più volte proclamato nei congressi internazionali. Ci furono però personalità, gruppi, minoranze interne e singoli partiti che tennero fede al patto di fratellanza fra tutti i lavoratori. Un partito compatto fu il PSI, che fin dall'inizio condannò la guerra, rimanendo l'unica forza politica italiana a battersi coerentemente per la pace fino alla fine delle ostilità.

Un fatto di enorme rilevanza storica fu la vittoria dell'ala sinistra, detta bolscevica (maggioritaria), del POSDR (Partito Operaio SocialDemocratico Russo), guidata da Lenin che, nel 1917, grazie ad un'abile strategia rivoluzionaria, conquistò il potere in Russia, iniziando a costruire quello che, nelle intenzioni, doveva essere il primo Stato socialista del mondo.

Il partito di Lenin, divenuto nel 1918 Partito Comunista Russo (la denominazione definitivamente adottata sarà quella di PCUS, cioè Partito Comunista dell'Unione Sovietica) dovette lottare a lungo per il trionfo definitivo della rivoluzione, dovendo fronteggiare sia i controrivoluzionari interni che gli attacchi delle potenze straniere, timorose del possibile "contagio" della rivoluzione. Uno dei principali strumenti di difesa del nuovo Stato proletario fu la creazione dell'Internazionale Comunista (detta anche Terza Internazionale o Comintern)[1].

La fondazione del nuovo organismo avvenne nel corso di un congresso tenuto a Mosca dal 2 al 6 marzo 1919, in cui erano presenti appena 52 delegati. Quelli italiani non poterono parteciparvi , ma nello stesso anno il PSI deliberò la sua adesione all'IC.

Un simbolo del ComIntern

Il secondo congresso dell'IC (17 luglio/7 agosto 1920) deliberò i famosi 21 punti che dovevano essere accettati dai partiti che volevano aderire o rimanere nell'IC.

Due di queste condizioni determinarono una forte divisione all'interno del PSI: quella che imponeva l'espulsione dei riformisti dal partito e quella che disponeva il cambiamento del nome del partito (da "socialista" a "comunista").

Contrari a tali pretese si dichiararono non solo i riformisti, guidati da Filippo Turati ed Emanuele Modigliani, ma anche i massimalisti ("comunisti unitari"), il cui uomo di punta era il direttore dell'*Avanti!* Giacinto Menotti Serrati, largamente maggioritari nel partito.

Favorevoli alla piena accettazione dei "21 punti" erano invece i "comunisti puri"[2], i quali nel corso dello storico "Congresso di Livorno" (15-21 gennaio 1921) si scissero e diedero vita ad un proprio partito, allineato alle direttive di Mosca: il Partito Comunista d'Italia (PCdI)[3].

---

1 I partiti aderenti erano considerati come delle sezioni dell'IC, e dunque soggetti alla sua autorità e alle sue direttive.

2 La loro frazione si era costituita a Milano il 15 ottobre 1920, attorno ad un programma firmato da Bordiga, Gramsci, Misiano, Terracini, Bombacci, Repossi, Fortichiari e dal segretario giovanile Luigi Polano (1897-1984). La mozione che venne presentata al congresso era stata predisposta nel convegno di Imola del 28 e 29 novembre 1920.

Il nuovo partito non era affatto omogeneo, giacché esso in realtà raggruppava tre componenti di diversa formazione.

La più consistente, perché organizzata nazionalmente, era quella ruotante attorno al settimanale *Il Soviet* (1918-1922) di Napoli, che in passato aveva avuto posizioni astensioniste e che aveva il suo *leader* in Amadeo Bordiga[4], che sarà anche *leader* del PCdI fino al 1923. Ne faceva parte anche il gruppo formatosi attorno al periodico *L'Ordine Nuovo*[5], il cui uomo di punta era Antonio Gramsci[6].

---

3   Al congresso di Livorno erano anche presenti due raggruppamenti "minori": gli "intransigenti rivoluzionari", guidati da Costantino Lazzari (1857-1927), prestigioso ex segretario del PSI, stimato da Lenin, e il gruppo di Antonio Graziadei e Anselmo Marabini. I due gruppi erano intermedi tra massimalisti e comunisti. In sede di votazione le due mozioni vennero ritirate.

4   Amadeo Bordiga (1889-1970), ingegnere, aderì giovanissimo al PSI, militando nella sua ala rivoluzionaria. Assunse posizioni fortemente antimilitariste in occasione della prima guerra mondiale. Allo scoppio della Rivoluzione bolscevica fondò la "Frazione comunista astensionista", che, proprio per il suo astensionismo, suscitò le critiche di Lenin. Fu tra i principali promotori della scissione comunista del 1921 e fu leader del PCdI fino al 1923, quando fu arrestato dal fascismo. La corrente di "sinistra comunista", che a lui faceva riferimento, inizialmente maggioritaria, fu successivamente emarginata e infine espulsa dal PCdI.

5   Il giornale, con diversa periodicità, uscì dal 1° maggio 1919 al 25 novembre 1922. Il 24 febbraio 1924 Gramsci fondò *l'Unità*, che sarà organo del partito comunista fino al suo scioglimento.

6   Antonio Gramsci (1891-1937), intellettuale sardo, fondò i giornali *L'Ordine Nuovo* e *l'Unità*. Già militante socialista, fu uno dei promotori della scissione di Livorno (1921), che diede vita al PCdI, che Gramsci rappresentò a Mosca, dove sposò Giulia Schucht, che gli diede due figli. Eletto deputato nel 1924, fu il leader della corrente di centro del PCdI, di cui fu eletto segretario nel gennaio 1926. L'8 novembre 1926 fu arrestato dal regime fascista e condannato (4-6-1929) a oltre 20 anni di carcere, durante il quale si legò d'amicizia col socialista Sandro Pertini (1896-1990), futuro Presidente della Repubblica Italiana. Morì, in regime di semilibertà, in seguito alle sofferenze del carcere Di lui rimangono i celebri *Quaderni del*

La terza componente era rappresentata dai cosiddetti "massimalisti di sinistra", come Egidio Gennari[7], Nicola Bombacci[8], Luigi Repossi[9] e Bruno Fortichiari[10].

Il 21 gennaio 1921, conosciuto l'esito ufficiale delle votazioni congressuali, che assegnavano la vittoria ai massimalisti,, i comunisti abbandonarono i lavori al canto dell'*Internazionale*[11] e si riunirono, sempre a Livorno, al teatro *San Marco*, dove tennero il loro I congresso,

---

carcere e le *Lettere dal carcere*.

7   Egidio Gennari (1876-1942), fu segretario politico del PSI. Partecipò poi alla nascita del PCdI, del cui Comitato Centrale fece parte fino alla morte. Nel 1923 fu eletto anche nel Comitato Esecutivo. Fu anche eletto deputato nel 1921 e nel 1924. Direttore del giornale *Il Lavoratore* di Trieste, il 6 ottobre 1922 fu aggredito e pugnalato dai fascisti. Morì in esilio a Gorkij, in Russia.

8   Nicola Bombacci (1879-1945) nel primo dopoguerra fu un importante dirigente del PSI, di cui fu anche segretario e per il quale fu eletto deputato nel 1919. Nel 1921 fu uno dei promotori della scissione di Livorno ed entrò nel Comitato Centrale del PCdI. fu anche riconfermato deputato nel 1921. Nel 1923 fu espulso dal PCdI, ma nel 1924 vi fu reintegrato per decisione di Zinov'ev, allora Presidente dell'IC. Ma nel 1927 fu di nuovo espulso "per indegnità politica". Nel 1936 fondò la rivista *La Verità*, allineata al regime fascista. Nel 1943 aderì alla RSI di Mussolini e il 28 aprile 1945, catturato assieme al Duce e ad altri gerarchi fascisti, fu fucilato dai partigiani come traditore.

9   Luigi Repossi (1882-1957), facente parte dell'ala bordighiana ("sinistra comunista") del PCdI, divenne responsabile sindacale del partito e direttore della sua rivista teorica *Rassegna Comunista*. Eletto deputato nel 1921 e nel 1924, l'8 novembre 1926 fu arrestato dalla polizia fascista e confinato prima a Lipari e poi a Ponza. Durante il confino fu espulso dal PCdI (1928) per non aver aderito alla condanna di Trotsky da parte dell'IC. Nel dopoguerra rientrò nel partito socialista.

10   Bruno Fortichiari (1892-1981) aderì appena quindicenne al PSI, della cui sezione milanese divenne segretario. Nel 1914 fu lui a proporre l'espulsione di Mussolini dal partito. Nel 1921 partecipò alla costituzione del PCdI, del cui Comitato Centrale entrò a far parte. Fu uno dei principali esponenti della "Frazione di sinistra del PCdI". Nel 1924 fu eletto deputato, ma nel

che proclamò la costituzione del **Partito Comunista d'Italia- Sezione dell'Internazionale Comunista**[12] ed elesse il primo Comitato Centrale[13].

Non prevista ancora la figura del segretario del partito, essendo il vertice affidato ad un Comitato Esecutivo[14]. Ma il leader riconosciuto era Bordiga[15].

Com'era prevedibile quello che non erano riusciti a fare i socialisti, cioè la rivoluzione, non riuscirono a farlo neanche i comunisti, che avevano spaccato il socialismo italiano proprio nel momento in cui avanzava in tutta Italia la marea fascista.

Amadeo Bordiga

1929 fu espulso dal PCdI, assieme alla sinistra comunista. Nel 1945 rientrò nel PCI, ma ne venne escluso nel 1956 per le sue posizioni di sinistra.

11 *L'Internazionale*, inno ufficiale della Seconda Internazionale socialista è un canto adottato in genere da partiti socialisti e comunisti di tutte le gradazioni.. Esso fu scritto nel 1871 dal poeta rivoluzionario francese Eugéne Pottier (1813-1887) per celebrare la Comune di Parigi, di cui egli stesso era stato membro. Fu musicato nel 1888 dal musicista Pierre de Geyter (1848-1932) per conto del Partito Operaio Francese.

12 Tale denominazione rimase fine allo scioglimento dell'IC, avvenuto nel 1943. Successivamente venne adottata quella di Partito Comunista Italiano (PCI).

13 Ne facevano parte: Bordiga, Belloni, Bombacci, Fortichiari, Gennari, Gramsci, Grieco, Marabini, Misiano, Parodi, Polano, Repossi, Sessa, Tarsia e Terracini.

14 Il primo Comitato Esecutivo era composto da Bordiga, Fortichiari, Grieco, Repossi e Terracini.

15 Dal giugno 1923 all'agosto 1924 il partito fu diretto da un Comitato Esecutivo composto da Bruno Fortichiari, Mauro Scoccimarro, Angelo Tasca, Palmiro Togliatti e Giuseppe Vota. Successivamente la leadership passò ad Antonio Gramsci, che nel 1926, istituita formalmente tale carica, venne eletto segretario generale e lo rimase fino al suo arresto, avvenuto nel 1927.

La prima prova (elettorale) che il PCdI dovette affrontare furono le elezioni del 15 maggio 1921. Il nuovo partito ottenne 304.719 voti (4,61%) e 15 seggi su 535.

Simbolo del PCdI

Le posizioni estremiste e settarie della gestione Bordiga vennero, dopo qualche anno, in urto con le direttive della maggioranza staliniana che si andava affermando nell'IC , la quale nel 1926 (Congresso di Lione, 20-26 gennaio), in pieno regime fascista, favorirà la definitiva affermazione della corrente centrista, il cui esponente di maggior spicco era Antonio Gramsci, già leader effettivo del partito in seguito all'arresto di Bordiga (1923), che sarà eletto segretario generale.

Antonio Gramsci

Nel 1924 avevano avuto luogo le nuove elezioni politiche. Il PCdI si era presentato in un'unica lista di *Alleanza per l'unità proletaria* con la corrente terzinternazionalista[16] del PSI, ottenendo un discreto risultato[17], nonostante il clima di violenze ed intimidazioni fasciste in cui si erano svolte le votazioni.

Intanto a Mosca è in corso, e si sviluppa in maniera sempre più virulenta, la lotta tra la maggioranza del PCUS, facente capo a Stalin, fautore della "costruzione del socialismo in un

---

16 *Leader* ne erano Giacinto Menotti Serrati, Francesc Buffoni, Maurizio Maffi ed Ezio Riboldi. Nell'agosto 1924 la corrente confluì nel PCdI. Fra le adesioni, importanti quelle di Giuseppe Di Vittorio e di Francesco Lo Sardo.
17 Il 3,74% e 19 deputati, fra cui Antonio Gramsci.

Paese solo" e la minoranza di sinistra, guidata da Trotsky[18], che invece propugnava "la rivoluzione permanente"

Anche in Italia, la frazione di centro, la più legata alle direttive dell'IC, iniziò una lotta contro il dottrinarismo di Bordiga che altrimenti avrebbe condannato il PCdI all'immobilismo e all'isolamento e contro la destra di Tasca, che sembrava propensa ad accantonare ogni prospettiva rivoluzionaria.

Nello stesso tempo il fascismo, saldamente insediato al potere dal 28 ottobre 1922, superata la crisi conseguente all'assassinio del deputato socialista Matteotti[19], si avviava rapidamente verso la dittatura. Il 5 novembre 1926 il governo Mussolini deliberò la soppressione di tutti i giornali antifascisti, lo scioglimenti di tutti i partiti e associazioni contrarie al regime e tutta una serie di provvedimenti restrittivi della libertà. Gramsci venne arrestato (8 novembre 1926), in violazione dell'immunità parlamentare di cui godeva come deputato.

---

18 Lev Davidovič Bronštein, conosciuto come Trotsky (1879-1940) fu uno dei principali artefici della rivoluzione bolscevica, ricoprendo il ruolo di Commissario del popolo (ministro) e di organizzatore dell'Armata Rossa, che condusse alla vittoria contro gli zaristi. Dopo la morte di Lenin (1870-1924), leader incontrastato dei bolscevichi, entrò in conflitto con Stalin (1879-1953), potente segretario del PCUS. Trotsky fu messo in minoranza, poi espulso dal PCUS e quindi esiliato. Dopo molto peregrinare finì in Messico, dove, nel 1940, fu assassinato da uno stalinista. L'opposizione di sinistra che a lui si rifaceva fu smantellata nel PCUS e negli altri partiti dell'IC. In Italia la scure si abbatté sul "Gruppo dei tre" (Alfonso Leonetti, Paolo Ravazzoli e Pietro Tresso) che, dopo essere stato espulso creò la Nuova Opposizione Italiana (NOI), che entrò a far parte dell'Opposizione di Sinistra Internazionale (OSI). Nel 1936 Pietro Tresso partecipò alla conferenza preparatoria del IV Internazionale, presente lo stesso Trotsky. Tresso morì nel 1944 in Francia, durante la Resistenza.

19 Giacomo Matteotti (1885-1924), avvocato, deputato socialista, segretario del Partito Socialista Unitario, aveva denunciato alla Camera i brogli e le violenze con cui si erano svolte le elezioni politiche del 6 aprile 1924. Il 10 giugno 1924 fu rapito e assassinato da una banda fascista.

Con l'arresto di Gramsci la leadership del partito passò di fatto a Palmiro Togliatti[20], il quale rafforzò i legami con l'URSS e con l'IC, sempre più dominata dagli stalinisti, specialmente dopo la sconfitta dell'ala sinistra bolscevica di Trotsky, che venne espulsa il 14 novembre 1927, come controrivoluzionaria e dell'ala destra di Nikolai Bucharin (1888-1938), cui faceva riferimento il leader della destra comunista italiana Angelo Tasca, che venne a sua volta espulso nel 1929.

Palmiro Togliatti

Bordiga venne espulso nel 1930, con l'accusa di trotskismo. Poi venne anche la volta dei socialisti, che furono accusati dall'IC di "socialfascismo", cioè di sostanziale collusione col fascismo, allargando così clamorosamente la rottura nel movimento operaio internazionale.

Nella seconda metà del 1934 Togliatti, ormai impegnato ai vertici dell'IC, venne sostituito, come segretario, alla guida del *Centro estero*, da Ruggero Grieco[21].

È del 1936 il celebre *appello ai fratelli in camicia nera*, con cui il PCdI auspicava la collaborazione coi fascisti "della prima ora", sulla base del

---

20 Camilla Ravera dirigeva il Centro interno clandestino con sede a Genova, Luigi Longo la Federazione Giovanile, mentre a Togliatti, già membro dell'Esecutivo dell'IC, fu affidato il Centro Estero, avente sede a Parigi, dov'era stampata la rivista teorica *Lo Stato operaio*; nel 1927 egli fu trasferito a Lugano e nel 1928 a Basilea.

21 Ruggero Grieco (1893-1955), già membro della segreteria del PSI, partecipò alla formazione del PCdI, sulle posizioni di Bordiga, spostandosi successivamente su quelle di Gramsci. Eletto deputato nel 1924, due anni dopo andò in esilio in Svizzera e poi a Mosca, da dove tornò nel 1945. Si occupò prevalentemente di problemi dei contadini e e fu senatore fino alla morte.

programma di questi ultimi del 1919, ritenuto un programma di pace, di libertà, di difesa degli interessi dei lavoratori!

Comunque Grieco si adoperò per la costruzione di un fronte antifascista e la nefanda dottrina del *socialfascismo* , smentita dalla storia, dovette lasciare il posto alla politica dei "fronti popolari", che furono pienamente realizzati in Francia e in Spagna.

Anche fra i partiti comunista e socialista italiani in esilio fu firmato, il 7 agosto 1934, un *Patto di unità d'azione*[22], per una comune lotta contro il fascismo.

Nell'aprile 1938 fu nominato dall'IC segretario del partito, in sostituzione di Grieco, Giuseppe Berti[23].

Ruggero Grieco

---

22 Il Patto fu firmato per i comunisti da Luigi Longo e per i socialisti da Pietro Nenni e Giuseppe Saragat. Il 26-7-1937 il patto fra il PSI/IOS e il PCdI venne rinnovato con la *Carta d'unità d'azione*. Un nuovo Patto fu firmato il 4-8-1943 tra PCI (Giorgio Amendola e Giovanni Roveda) e PSIUP (Giuseppe Romita e Olindo Vernocchi), poi rinnovato l'8 agosto 1944 e firmato per il PCI da Palmiro Togliatti, Giovanni Pellegrini e Giuseppe Di Vittorio e per il PSIUP da Pietro Nenni, Oreste Lizzadri ed Ezio Villani. L'ultimo rinnovo avvenne il 25-10-1946, nella redazione finale concordata tra Luigi Longo (PCI) e Sandro Pertini (PSIUP). Il 5 ottobre 1956, in seguito ai fatti d'Ungheria, il Patto venne considerato decaduto (6-7-1956) e sostituito con un *Patto di consultazione*, destinato a dissolversi da solo.

23 Giuseppe Berti ((1901-1979) partecipò alla scissione d Livorno del gennaio 1921. Il mese dopo divenne segretario della Federazione Giovanile Comunista Italiana e direttore del relativo settimanale *L'Avanguardia*, per passare in seguito a *l'Unità*. Nel 1927 venne arrestato e confinato per tre anni. Lavorò poi al Comintern, che nel 1938 lo inviò a Parigi a guidare, in sostituzione di Grieco, Il PCdI in esilio. Nel 1940, in seguito all'invasione nazista della Francia, fuggì negli USA. Dal 1948 al 1963 fu deputato e senatore.

Giuseppe Berti

Intanto Togliatti consolidava la sua posizione ai vertici dell'IC, organizzazione che rappresentò dal 1936 al 1939 in Spagna, dov'era in corso la guerra civile tra repubblicani franchisti.

La collaborazione fra comunisti e socialisti entrò in crisi per iniziativa socialista quando si seppe del patto di non aggressione *Molotov-Von Rippentrot,* ossia tra la Russia comunista e la Germania nazista (23-8-1939). Era, infatti, impossibile conciliare l'unità antifascista con tale patto. Si aprì allora per il movimento comunista internazionale un periodo di disorientamento e di isolamento, mentre l'IC si affannava a teorizzare una sorta di equidistanza fra quelli che considerava i due opposti imperialismi.

Nel 1938 l'IC, scioltone l'Ufficio Politico e il Comitato Centrale, affidò la segreteria del PCdI al solo Togliatti, che la conservò fino alla morte.

L'ingresso in guerra dell'Italia fascista (10 giugno 1940) a fianco della Germania nazista e soprattutto l'invasione di quest'ultima dell'URSS (22 giugno 1941), crearono le condizioni per la ripresa della collaborazione tra comunisti, socialisti e altre forze antifasciste, che ebbe la sua massima espressione nella Resistenza armata al fascismo.

La guerra congiunta degli Alleati (USA, Gran Bretagna, Francia e altri) e dell'URSS contro le potenze dell'Asse (Germania, Italia, Giappone e altri), indusse Stalin e il PCUS, al fine di rassicurare i suoi alleati occidentali a promuovere lo scioglimento dell'IC in quanto *centro dirigente del movimento operaio internazionale, liberando le sezioni dell'Internazionale Comunista dagli obblighi derivanti dagli statuti e dalle risoluzioni dei congressi dell'Internazionale Comunista.*

In conseguenza di ciò, in data 15 maggio 1943, il PCdI decise di cambiare la propria denominazione in quella di **Partito Comunista Italiano (PCI).**

II. Il Partito Comunista Italiano (1943-1991)

L'eurocomunismo è un po' come l'araba fenice: che ci sia ciascun lo dice, dove sia nessun lo sa

(Bettino Craxi)

La caduta del fascismo (25 luglio 1943), la conseguente formazione del governo Badoglio e, più ancora, la dichiarazione di guerra dell'Italia alla Germania nazista (13 ottobre 1943) consentirono a molti dirigenti comunisti[24] usciti dalle carceri o dalla clandestinità o tornati dall'esilio di dedicarsi alla riorganizzazione del loro partito in tutto il territorio nazionale

Dopo la formazione, nel Nord occupato dai tedeschi, della Repubblica di Salò capeggiata da Mussolini e spalleggiata dai nazisti, il PCI diede un contributo molto importante alla Resistenza al nazifascismo, soprattutto con la formazione della Brigata Garibaldi[25].

Quando ancora erano forti nel PCI le aspirazioni rivoluzionarie e repubblicane, si ebbe il ritorno in Italia di Togliatti (marzo 1944), che operò la cosiddetta *svolta di Salerno*, con cui in pratica si accantonavano ogni velleità rivoluzionaria e la pregiudiziale repubblicana, per consentire la necessaria unità del popolo italiano nella guerra al nazifascismo, da realizzarsi mediante l'ingresso nel governo Badoglio di tutti i partiti del CLN[26].

---

24 Fra i più noti: Giorgio Amendola, Girolamo Li Causi, Luigi Longo, Agostino Novella, Mauro Scoccimarro, Pietro Secchia.

25 Comandante militare: Luigi Longo, commissario politico: Pietro Secchia.

26 Il Comitato di Liberazione Nazionale era stato costituito a Roma il 9 settembre 1943. Ne facevano parte: il Partito Comunista Italiano, il Partito

La nuova strategia togliattiana di pieno inserimento del PCI nella dialettica democratica comportò la necessaria conseguenza della costruzione di un *partito nuovo*, cioè di un moderno partito di massa pienamente inserito nella società.

Il PCI riuscì pienamente in questa impresa diventando il più forte partito comunista dell'Occidente, anche se nella sua base tardavano a scomparire le speranze di una soluzione rivoluzionaria, del resto pienamente coerente con le origini del PCI (*fare come in Russia*).

Tale politica "moderata" fu perseguita, dopo la vittoria definitiva sul nazifascismo, anche in seno all'Assemblea Costituente, ad esempio col voto favorevole all'art. 7, con cui si inserivano nella Costituzione i *Patti Lateranensi*, stipulati nel 1929 da Mussolini con la Chiesa Cattolica.

Nonostante ciò, il deteriorarsi del fronte antifascista internazionale e la conseguente divisione del mondo in due blocchi contrapposti, uno guidato dagli USA e l'altro dall'URSS, ebbero ripercussioni anche in Italia e comportarono l'esclusione, nel maggio 1947, di comunisti e socialisti dal governo.

La tensione che ne conseguì fra le forze governative[27] e quelle del Fronte Popolare[28] salì di molto in occasione delle elezioni politiche del 18 aprile 1948, vinte dalla DC e dai suoi alleati[29] e successivamente con

Simbolo del P.C.I. tà Proletaria, il Partito d'Azione, la Democrazia del Lavoro, la Democrazia Cristiana, il Partito Liberale Italiano.

27 Il governo di centro, presieduto dal leader democristiano Alcide De Gasperi (1881-1954) era sostenuto dalla DC, dal PSLI, dal PRI e dal PLI.

28 Il "Fronte Democratico Popolare per la libertà, la pace, il lavoro" era stato costituito il 28 dicembre 1947. Ne facevano parte il PCI, il PSI ed altre formazioni minori.

29 Il FDP ottenne il 30.98% alla Camera e il 31,08% al Senato Il PSI ne uscì fortemente ridimensionato nella rappresentanza parlamentare, sia a causa della scissione socialdemocratica dell'11 gennaio 1947, sia per la migliore organizzazione comunista nel gioco delle preferenze.

l'attentato a Togliatti[30]. Ma i dirigenti comunisti seppero controllare il clima preinsurrezionale che ne derivò, contenendo la loro dura opposizione entro i canali del sistema democratico. Tale opposizione fu particolarmente aspra in occasione dell'adesione dell'Italia al Patto Atlantico (1949) e della legge elettorale detta *legge truffa* (1953).

Simbolo del FDP

Negli anni seguenti il PCI si consolidò organizzativamente ed elettoralmente, riuscendo a superare anche la drammatica crisi derivante dalla repressione della rivoluzione ungherese (1956) da parte delle truppe sovietiche[31].

Tuttavia Togliatti, pur mantenendo gli stretti legami del PCI col PCUS, negli anni seguenti elaborò una nuova linea politica sintetizzata nella cosiddetta *via italiana al socialismo*, che comportava scelte anche diverse da quelle bolsceviche, a seconda delle varie realtà nazionali.

Togliatti morì il 21 agosto 1964 a Jalta, in Crimea, lasciando un documento, poi chiamato appunto il *memoriale di Jalta*, che costituisce, in un certo senso, il suo testamento politico.

In esso si ribadiva come fra i partiti comunistici fosse necessaria l' *unità nella diversità*, nella ricerca di una propria strategia basata sulle condizioni particolari di ciascuna realtà nazionale.

---

30 Il 14 luglio 1948 l'anticomunista Antonio Pallante sparò alcuni colpi di pistola contro Togliatti, ferendolo.

31 La differente valutazione dei *fatti d'Ungheria* tra i comunisti, che li considerarono un tentativo controrivoluzionario di destra per rovesciare il regime e i socialisti, secondo cui, come scrisse Nenni "gli ungheresi chiedono democrazia e libertà", provocò la rottura del PSI con l'ex alleato comunista e quindi la fine del Patto d'unità d'azione. Lasciarono il PCI alcuni noti intellettuali, quali Italo Calvino, Loris Fortuna, Antonio Giolitti, Carlo Muscetta, Eugenio Reale, Natalino Sapegno, Elio Vittorini.

Il successivo congresso del PCI (Roma, 25-31 gennaio 1966), pur nel formale rispetto del *centralismo democratico*[32], dovette registrare la presenza di posizioni diverse: una di "sinistra", gravitante attorno a Pietro Ingrao[33] e una di "destra", di cui l'esponente principale era Giorgio Amendola[34].

---

32 Il *centralismo democratico* è il principio base di organizzazione all'interno di ogni partito leninista. Esso comporta una rigida disciplina all'interno del partito, con la subordinazione della minoranza alla maggioranza e degli organi inferiori a quelli superiori, e dunque consiste in "libertà di discussione, unità d'azione".

33 Pietro Ingrao (1915-2015) aderì al partito comunista nel 1940 e partecipò alla Resistenza. Fu direttore del quotidiano del PCI *l'Unità* (1947-1957), deputato (1950-1992) e Presidente della Camera (1976-1979). Pur essendo stato un deciso oppositore della "svolta della Bolognina" che portò allo scioglimento del PCI, aderì poi al PDS, che però lasciò nel 1993. Nel 2005 aderì al PRC. e fu poi vicino a "Sinistra Ecologia Libertà". Fu autore di diversi saggi politici.

34 Giorgio Amendola (1907-1980), laureato in legge, era figlio del deputato liberale Giovanni, aggredito dai fascisti a Cannes nel 1926 e deceduto in seguito al pestaggio di cui era stato vittima. Giorgio nel 1929 aderì al partito comunista, svolgendo poi attività antifascista. Arrestato nel 1932, fu confinato a Ponza fino al 1937, dopo di che si rifugiò in Francia. Partecipò alla Resistenza e fece parte del comando delle Brigate Garibaldi. Divenne anche membro della Giunta Militare Antifascista del Comitato di Liberazione Nazionale. Durante la Resistenza fu l'ideatore dell'"attentato di via Rasella", effettuato da partigiani comunisti, al quale i tedeschi risposero con l'"eccidio delle Fosse Ardeatine". Fu deputato del PCI dal 1948 alla morte, leader della corrente *migliorista*, aperta alla collaborazione coi socialisti, e autore di vari saggi politici.

La scelta per il nuovo segretario (22 agosto 1964) cadde su Luigi Longo[35], un leader che assicurava la continuità con la politica di Togliatti, di cui era stato vice.

Luigi Longo

Proseguendo sulla linea indicata dal *Memoriale di Jalta* (fu lui a farlo pubblicare), Longo sviluppò la tematica del *policentrismo*, respingendo perciò ogni sudditanza nei confronti di quelli che erano stati lo *Stato guida* (l'URSS) e il *partito guida* (il PCUS).

In questo quadro appoggiò il tentativo di Dubček e della sua *primavera di Praga* di costruire il *socialismo dal volto umano* e, nel 1968, condannò l'invasione della Cecoslovacchia da parte delle truppe del Patto di Varsavia[36].

Appoggiò anche la politica della *coesistenza pacifica* del socialista Brandt[37]. Sotto la sua guida il PCI modificò il suo

---

35 Luigi Longo (1900-1980), noto come *Gallo* nella Resistenza spagnola e in quella italiana, si iscrisse giovanissimo al PSI e partecipò alla scissione di Livorno (1921). Nel 1922 incontrò Lenin a Mosca e successivamente anche Stalin, di cui condivise la linea della costruzione del *socialismo in un Paese solo*. Partecipò alla guerra di Spagna, ricoprendo alti incarichi nelle Brigate Internazionali, e poi alla Resistenza italiana, come vicecomandante del "Corpo Volontari della Libertà" (CVL). Parlamentare dal 1946 alla morte, come segretario del PCI (1964-1972) sviluppò la linea togliattiana della *via italiana al socialismo*, appoggiò la *Primavera di Praga* di Dubček e l'*Ostpolitik* di Brandt. Scrisse varie opere di argomento politico.

36 Il Patto di Varsavia era un'alleanza militare di reciproca difesa stipulata il 14 maggio 1955 fra i Paesi comunisti dell'Europa orientale. Il Patto fu sciolto il 1° luglio 1991.

37 Willy Brandt (1913-1992) fu presidente della SPD dal 1964 al 1987, Presidente dell'Internazionale Socialista dal 1976 al 1992, sindaco di Berlino Ovest dal 1957 al 1966, Cancelliere della Germania Ovest dal 1969

atteggiamento verso l'*integrazione europea*, considerandola, per la sinistra, come un'opportunità per poter costruire l'*Europa dei popoli*.

***

Simbolo de Il Manifesto

Nel nuovo clima di dialettica interna , il 25 giugno 1969 apparve nelle edicole un mensile[38] di politica dal titolo echeggiante Marx, *il manifesto*, espressione della parte più radicale della "sinistra" del partito. La rivista[39] ben presto assunse pozioni non allineate a quelle del vertice e della maggioranza del PCI, specialmente sui temi della democrazia interna e della invasione sovietica della Cecoslovacchia.

Dopo vari "richiami", gli esponenti che ruotavano attorno alla rivista, accusati di "frazionismo" vennero allontanati dal PCI. Di conseguenza il gruppo decise di costituire un'omonima formazione politica e di partecipare alle elezioni del 7-8 maggio 1972, presentando proprie liste alla Camera (dove ottenne lo 0,67%) e invitando a votare PCI per il Senato.

***

---

al 1974. Con la sua *ostpolitik* tendeva alla normalizzazione dei rapporti con i Paesi dell'Est europeo e, in primo luogo, con la Germania Orientale. Nel 1971 fu insignito del premio Nobel per la pace.

38 Dal 28 novembre 1971 diventerà quotidiano.

39 Ne erano condirettori Lucio Magri e Rossana Rossanda. Vi partecipavano, tra gli altri, Luciana Castellina, Lidia Menapace, Aldo Natoli, Valentino Parlato, Luigi Pintor.

Intanto, il 17 marzo 1972, Enrico Berlinguer[40], era stato chiamato ad assumere la segreteria del PCI, che di fatto già reggeva come vicesegretario dal 1968, da quando Longo era stato colpito da ictus. Longo fu eletto Presidente del PCI.

Enrico Berlinguer

Nell'ottobre 1973 Berlinguer pubblicò, probabilmente sotto l'impressione suscitata dai cruenti avvenimenti che nel mese precedente avevano scosso il Cile, passato repentinamente dalla democrazia ad un tirannico e sanguinoso regime fascistoide[41], tre articoli sulla rivista ideologica del PCI, *Rinascita*. Con essi espose le sue riflessioni circa l'inopportunità di dar vita in Italia ad eventuali maggioranze risicate, preferendovi, invece, una larga convergenza tra le forze comuniste, socialiste, cattoliche e democratiche, con le quali avviare un grande *compromesso storico* capace di realizzare, nella democrazia, le necessarie riforme sociali ed economiche di cui il Paese abbisognava. Il che comportava, per conseguenza, un'accentuazione del processo di autonomia nei confronti di Mosca, anche mediante un'alleanza ideale tra partiti comunisti occidentali[42], che fu chiamata politica dell'*eurocomunismo.*

---

40 Enrico Berlinguer (1922-1984), iscrittosi al PCI nel 1943, ne percorse tutti i gradi dirigenziali, fino a diventarne (1972) segretario generale. In tale veste accelerò il processo di autonomia dei comunisti italiani dall'URSS (*eurocomunismo*); all'interno propugnò la politica del *compromesso storico*. Fu molto apprezzato per aver sollevato la *questione morale*, relativamente al modo di far politica dei partiti italiani.

41 L'11 settembre 1973 un sanguinoso colpo di stato militare rovesciò il governo di *Unidad Popular*, presieduto dal socialista Salvador Allende (1908-1973) ed instaurò la feroce dittatura del generale Augusto Pinochet (1915-2006).

***

Tale politica di dialogo con il PSI e soprattutto con la DC, favorì –quasi per contraccolpo - il processo di aggregazione tra le forze che si erano collocate alla sinistra del PCI. Nel luglio 1974 il gruppo del Manifesto si fuse col PdUP (Partito di Unità Proletaria)[43], dando vita al PdUP per il comunismo (PdUP p.i.c.), nel quale successivamente confluì anche il Movimento autonomo degli studenti di Milano[44]. Successivamente (1 febbraio 1976) segretario del PDUP p.i.c. sarà eletto Lucio Magri[45] [46].

---

42 Di fatto i partiti comunisti italiano (PCI), francese (PCF) e spagnolo (PCE). Il progetto in seguito si arenò per le contraddizioni del PCF.

43 Il PdUP era sorto nel dicembre 1972 dalla fusione tra il Nuovo PSIUP e Alternativa Socialista. Il Nuovo PSIUP era stato fondato dalla parte del PSIUP (Vittorio Foa, Silvano Miniati) che non aveva accettato lo scioglimento del partito socialproletario deciso dalla maggioranza. Alternativa Socialista (AS) era stata formata dalla minoranza di sinistra (Giovanni Russo Spena, Domenico Jervolino) del Movimento Politico dei Lavoratori (MPL), fondato il 29 ottobre 1971. Nel 1972 la maggioranza dell'MPL (Livio Labor, Gennaro Acquaviva) preferì confluire nel PSI, mentre la minoranza costituì appunto AS, che poi si fuse col Nuovo PSIUP.

44 Leader del gruppo era Mario Capanna (n. 1945), Il movimento aderì al PdUP p.i.c. nel 1976, ma successivamente passò a DP, di cui Capanna divenne anche segretario dal 1984 al 1987.

45 Lucio Magri (1932-2011) è stato uno dei promotori del mensile *il manifesto*, di cui fu anche direttore (assieme a Rossana Rossanda).e dell'omonimo partito. Radiato dal PCI per le sue posizioni critiche, nel 1971 fu tra i fondatori del PdUP p.i.c., di cui poi divenne segretario e assieme al quale nel 1984 rientrò nel PCI. Quando il PCI si sciolse, aderì al PRC, che poi lasciò per costituire il Movimento dei Comunisti Unitari, i quali concorreranno alla formazione dei DS, ma senza la partecipazione di Magri, il quale ritornò a scrivere per *il manifesto*, da tempo divenuto quotidiano.

46 Alle politiche del 20-21 giugno 1976 il PdUP p.i.c. si presentò in un cartello elettorale denominato "Democrazia Proletaria" (DP), che ottenne 6 deputati, di cui 5 del PdUP p.i.c.. Nel gennaio 1977 lasciarono il partito le correnti non provenienti dal Manifesto. Nonostante ciò, alle politiche del 3-

26

Simbolo del PdUP p.i.c.
(per il comunismo)

Lucio Magri

***

Intanto l'azione politica di Berlinguer sempre più si indirizzava verso un'accentuazione dell'autonomia del PCI[47] nei confronti dell'URSS, suscitando malumori all'interno del partito[48] e diffidenza da parte dei russi. Nello stesso tempo il segretario del PCI era costantemente tallonato dall'allora leader del PSI Bettino Craxi, che accusava i comunisti italiani di non portare fino in fondo la loro revisione ideologica e di non accettare in pieno i principi della socialdemocrazia europea. La strategia del *compromesso storico* sembrò prendere corpo con il *governo della non sfiducia* (1976) cui il PCI concesse l'astensione, ma subì una brusca battuta d'arresto quando l'on. Moro, presidente della Democrazia

---

4 giugno 1979 il PdUP p.i.c. ottenne 6 deputati. Alle politiche del 26-27 giugno 1983 e alle europee del 17 giugno 1984 si presentò nelle liste del PCI, nel quale, il 25 novembre 1984, confluì (era segretario del PCI Alessandro Natta).

47 Berlinguer si spinse a parlare (1981) di *fine della spinta propulsiva della Rivoluzione d'Ottobre*.

48 Ad esempio da parte di Amando Cossutta (1926-2015).

Cristiana, l'interlocutore più attento di Berlinguer nella DC, fu rapito[49] e poi assassinato[50] dalle Brigate Rosse.

A quella morte seguì, dopo pochi mesi, il deterioramento dei rapporti fra DC e PCI e il ritorno di quest'ultimo ad un'opposizione dura, anche ai governi a guida socialista, mentre si consolidava la nuova maggioranza di governo, detta del *pentapartito*[51].

L'attività di Berlinguer fu stroncata dalla drammatica sua morte, avvenuta a Padova l'11giugno 1984, a causa di un ictus che l'aveva colpito quattro giorni prima, mentre teneva un comizio in vista delle elezioni europee del 17-6-1984[52].

Il 26 giugno 1986 alla carica di segretario del PCI fu chiamato Alessandro Natta, il quale proseguì la politica autonomistica di Berlinguer, ma con toni più smorzati.

Fu durante la sua segreteria, anche sotto la spinta dell'ala *migliorista*[53], che il PCI cominciò a cercare una diversa ricollocazione

Alessandro Natta

---

49   Il rapimento venne effettuato il 16 marzo 1978, il giorno in cui si doveva presentare alla Camere il nuovo governo Andreotti, cui il PCI, prima orientato a negarlo, diede il voto di fiducia. Nei giorni della prigionia dell'on. Moro, si formarono in Italia due schieramenti sull'opportunità o meno di trattare coi rapitori per la liberazione dell'on. Moro: quello della *fermezza*, cui aderiva il PCI, e quello della *trattativa*, guidato dal socialista Craxi, in nome dell'*umanesimo socialista*.

50   Il cadavere venne ritrovato il 9 maggio 1978, nel bagagliaio di un'auto parcheggiata in via Caetani a Roma.

51   DC, PSI, PSDI, PRI, PLI.

52   In quelle elezioni il PCI ottenne il suo massimo storico: il 33,3% che lo fece diventare per la prima volta il primo partito italiano.

53   Così veniva definita la destra ex amendoliana, filosocialista, guidata da Giorgio Napolitano (n. 1925), futuro Presidente della Repubblica Italiana

internazionale, avvicinandosi al Partito Socialista Europeo (PSE) e all'Internazionale Socialista.

Nel maggio 1988 Natta, colpito da un infarto, lasciò la segreteria e al suo posto venne chiamato il suo vice Achille Occhetto[54].

Con la nuova segreteria il processo di autonomia del PCI subì una forte accelerazione, grazie ad una serie di iniziative che pian piano portarono il partito fuori dall'ortodossia comunista tradizionale. Un primo segnale fu l'incontro di Occhetto con Lech Walesa (21-4-1989), leader dell'opposizione al regime comunista polacco.

Seguì il viaggio negli USA (15-5-1989), il primo di un segretario del PCI, fatto con l'intento di far conoscere il *nuovo corso* del PCI e per avviare, disse Occhetto, *una svolta nei rapporti da noi auspicati tra la sinistra europea, di cui noi facciamo parte, e le forze democratiche americane.*

Achille Occhetto

(15 maggio 2006/14 gennaio 2015).

54 Achille Occhetto (n. 1936), dopo aver ricoperto ruoli importanti, fra cui quello di segretario generale, nella Federazione Giovanile Comunista Italiana, continuò la sua carriera politica nel PCI, di cui, come segretario, accentuò l'autonomia fino ad arrivare alla *svolta della Bolognina*, che portò allo scioglimento del PCI e alla fondazione del PDS, di cui divenne il primo segretario fino al 1994. Passato ai DS, ne uscì nel 2004, per dedicarsi al suo progetto di "rifondazione della sinistra". È stato deputato nazionale e deputato europeo.

Un gesto assai significativo fu senza dubbio la partecipazione (16-6-1989) ai funerali del leader ungherese Imre Nagy[55]. Seguì la costituzione del "governo-ombra"del PCI (19-7-1989), presieduto dallo stesso Occhetto.

A scuotere definitivamente ogni residua esitazione dovette essere la caduta del muro di Berlino[56], visibile segnale della crisi irreversibile che stava scuotendo il comunismo nel mondo.

Nuovi e più ampi orizzonti si aprivano per i comunisti italiani.

---

55   Imre Nagy (1896-1958) fu due volte primo ministro dell'Ungheria comunista. La prima volta dal 1953 al 1955. La seconda volta per 18 giorni fra l'ottobre e il novembre 1956 durante la *rivoluzione ungherese*, poi soffocata dall'intervento sovietico. Durante questo secondo mandato fu fautore di una liberalizzazione del regime e dell'uscita dell'Ungheria dal Patto di Varsavia. Arrestato dai sovietici, fu deposto. Il 16 giugno 1958 fu fucilato. È stato riabilitato dopo la fine del regime comunista, il 16 giugno 1989.

56   Il Muro di Berlino (13 agosto 1961/9 novembre 1989), che divideva in due la città, fu fatto costruire dal governo comunista della Germania Est, per impedire la circolazione fra Berlino Ovest e il territorio da esso controllato. Esso simboleggiava visibilmente la *cortina di ferro* che divideva il mondo comunista da quello occidentale. La caduta del muro aprì la strada alla riunificazione della Germania (3 ottobre 1990).

III. Altri comunismi

A fare a gara a fare i puri, troverai sempre uno più puro... che ti epura.

(Pietro Nenni)

La storia del movimento comunista internazionale e, per conseguenza, di quello italiano, è stata attraversata da sussulti ideologici e politici, considerati, a seconda dei punti di vista, fughe nell'eresia o ritorni all'ortodossia.

I casi più noti sono quelli del troskismo, del titoismo e del maoismo. Spesso i dissensi che ne conseguirono in ambito comunista ebbero conseguenze sul piano organizzativo e portarono alla nascita di nuovi partiti, movimenti, gruppi che si autodefinirono comunisti.

Tutti, comunque, si considerarono alfieri dell'interpretazione più autentica del pensiero di colui che, incontrastato, è il punto di riferimento comune di tutti i comunismi: Lenin.

Troskismo

Un primo dissenso emerse proprio nel partito guida dell'IC, il PCUS. Per Trotsky era necessaria una *rivoluzione permanente* nel mondo intero, in opposizione alla tesi maggioritaria di Stalin della necessità di costruire il *socialismo in un Paese solo*. Trotsky e i suoi sostenitori organizzarono dapprima un'"Opposizione di Sinistra" in seno al PCUS, poi allargata in

"Opposizione di Sinistra Internazionale" (OSI)[57]. Ma quando tutti i troskisti e simpatizzanti vennero espulsi, processati o esiliati, l'ex leader bolscevico ritenne che la lotta interna nel Comintern, a suo avviso ormai burocratizzato, fosse diventata inutile, e che, a causa del continuo soffocamento della democrazia, l'URSS non fosse più un Paese socialista, ma un *Stato operaio burocratizzato*, prese la decisione di costruire una nuova Internazionale.

Nel settembre 1938, dunque, Trotsky, ormai espulso dal PCUS ed esiliato dall'URSS, e trenta delegati di varia nazionalità[58], rappresentanti di varie organizzazioni rivoluzionarie, si riunirono a Perigny, presso Parigi, e diedero vita alla Quarta Internazionale[59].

Simbolo della IV Internazionale

La quale, partendo dalla previsione che l'imminente secondo conflitto mondiale avrebbe creato le condizioni per una grande rivoluzione e ritenendo inidonei a gestire tale fase storica sia i partiti socialisti dell'IOS, sia quelli stalinisti dell'IC, si proponeva la costruzione di partiti rivoluzionari, capaci di guidare il proletariato verso la rivoluzione.

Una tattica spesso adottata da singoli e da gruppi troskisti della IV Internazionale, al fine di diffondere il loro pensiero, era quella detta dell'*entrisno*. Essa consisteva nell'entrare, cioè

---

57 In adesione a tale corrente, in Italia venne creata la "Nuova Opposizione Italiana" (NOI) dal "gruppo dei tre" (Leonetti, Ravazzoli, Tresso), che sarà espulso dal PCI. L'OSI si sciolse nel 1933.

58 Fra di essi l'italiano Pietro Tresso (1893-1943).

59 Attualmente in continuità con la IV Internazionale si pone il "Segretariato Unificato della Quarta Internazionale", costituito nel 1963 ed orientato ad aprirsi anche ad altre forze anticapitaliste. In dissenso con questa linea sono sorte: La "Lega Internazionale dei Lavoratori – Quarta Internazionale", la "Frazione Trotskista per la Quarta Internazionale" e il "Coordinamento per la Rifondazione della Quarta Internazionale". Nel 1973 è stato costituito un "Comitato per un'Internazionale dei Lavoratori", presente in circa 50 Paesi.

nell'aderire a partiti di sinistra, spesso partiti socialisti della Seconda Internazionale. Ciò dava loro la possibilità di entrare in contatto con grandi masse di lavoratori, partecipando alle discussioni e alle lotte proletarie, cercando così di guadagnare consensi tra i lavoratori.

***

Livio Maitan

Un "entrista" fu appunto il troskista Nicola Di Bartolomeo che, assieme ad alcuni compagni[60], nell'autunno 1943 aderì al risorto partito socialista, allora denominato PSIUP. Ma dopo poco tempo Di Bartolomeo[61] poté riprendere i contatti – interrotti dalla guerra - con la Quarta Internazionale e fondare, nel gennaio-febbraio 1945, in accordo col foggiano Romeo Mangano[62], una sezione italiana della Quarta Internazionale, che prese il nome di **Partito Operaio Comunista (Bolscevico-Leninista), POC (B-L)**[63].

---

60 Essi avevano costituito il **Centro Nazionale Provvisorio per la Costruzione del Partito Comunista Internazionalista (IV Internazionale),** presente soprattutto nel napoletano.

61 Nicola Di Bartolomeo (1901-1946) aveva aderito, appena quattordicenne alla gioventù socialista. Nel 1921 era passato al PCdI, in cui simpatizzava con l'opposizione di sinistra. Si era successivamente avvicinato al troskismo, aderendo alla NOI. Morì il 10 gennaio 1946.

62 Il Mangano era un leader fortemente radicato nella realtà locale ed aveva fondato un soggetto politico denominato **Partito Operaio Comunista**, di orientamento bordighista. Nel 1946 sarà eletto consigliere comunale di Foggia.

63 Organo del partito era *L'Internazionale – Organo bolscevico-leninista per la costruzione del Partito Operaio Comunista della IV Internazionale*, il cui primo numero uscì il 5 agosto 1944.

Ben presto, però, emersero le contraddizioni interne, dovute alla diversa formazione dei due leader: troskista quella di Di Bartolomeo e bordighista quella di Mangano, tanto che la formazione nel 1948 fu espulsa dalla IV Internazionale e poi si disgregò: il gruppo di Mangano continuò fino agli anni '50 e poi si dissolse; la frazione troskista del POC si unì al Movimento Socialista di Unità Proletaria[64] e ad alcuni fuoriusciti dal PCI, coi quali formò i **Gruppi Comunisti Rivoluzionari (GCR)**.

Quella che perciò era la sezione italiana della IV Internazionale si costituì ufficialmente nel gennaio 1949 e nel febbraio del '50 assunse il nome di GCR. Nell'aprile successivo uscì la rivista mensile *Bandiera Rossa*[65].
Uno dei massimi dirigenti dei GCR e del troskismo italiano in genere è stato Livio Maitan[66], autore di numerosi saggi sull'argomento[67].

---

64 Un gruppo trotskista, con alla testa Livio Maitan, aveva aderito (*entrismo*) nell'immediato dopoguerra, alla Federazione Giovanile Socialista, allora attestata su posizioni di accentuata sinistra, ma fortemente antistalinista. Sicché la FGSI, al momento della scissione socialdemocratica di Saragat (11 gennaio 1947), con cui fu costituito il Partito Socialista dei Lavoratori Italiani (PSLI), vi aderì in massa. Tuttavia la successiva svolta del PSLI, che si avvicinò all'aria moderata, partecipando ai governi di centro con la Dc, indusse molti giovani iscritti delusi a lasciare il PSLI. Fra questi ultimi il MSUP di Maitan, che in vista delle elezioni politiche del 18-4 1948, aderì al Fronte Democratico Popolare, formato dal PCI, dal PSI e da altri raggruppamenti minori.

65 Nel 1966-67 passerà da mensile a quindicinale e nel 1979 diventerà settimanale. Cesserà le pubblicazioni nel 2002, sostituita dalla rivista *Erre* (2003-2013), poi divenuta organo di Sinistra Critica.

66 Livio Maitan (1923-2004), laureato in Lettere classiche, aderì giovanissimo alla IV Internazionale ed entrò anche nella gioventù socialista. Con un suo gruppo nel 1948 aderì al Fronte Democratico Popolare e nel 1949 fu tra i fondatori dei GCR, partecipando in prima fila a tutte le vicende di tale raggruppamento politico. A lui è oggi intitolato il "Centro Studi *Livio Maitan*".

67 Fra di essi: *Trotsky, oggi* (1959), *Destino di Trockij* (1981), *Per una storia della IV Internazionale* (2006). Maitan, inoltre, è stato autore di varie

Dopo un primo periodo di attività indipendente, nei primi anni '50 i GCR adottarono la tattica dell'*entrismo*, soprattutto verso il PCI, ma anche verso il PSI, fino al 1969[68].

***

Ma già nel 1968 per i GRC cominciò una crisi che portò vari iscritti ad approdare in piccole formazioni, la più nota delle quali sarà **Avanguardia Operaia (AO)**[69].

Avanguardia Operaia (AO)

Il movimento di AO, fondato, attorno alla testata omonima, nel 1968 da militanti fuoriusciti dai GCR e dal PCI, e a cui aderirono vari circoli locali, ebbe come principali leader Massimo Gorla, Luigi Vinci e Silverio Corvisieri, che dirigeva il giornale *Quotidiano dei lavoratori,* uscito nel 1974[70].

---

prefazioni e traduzioni.

68 Nelle elezioni politiche del 1972 i GRC sostennero la lista del Manifesto, in quelle del 1976 parteciparono a quella di Democrazia Proletaria (DP).

69 Altri piccoli gruppi saranno: i **Nuclei Comunisti Rivoluzionari**, **Il Comunista**, **Viva il Comunismo**, **Avanguardia Comunista**. Nel 1975 due piccole scissioni dei GCR diedero origine alla **Lega Socialista Rivoluzionaria** e alla **Lega Comunista**. Nel 1976 altri fondarono il **Collettivo IV Internazionale**, poi divenuto **Gruppo Bolscevico Leninista d'Umbria**, il quale, unendosi poi ad alcuni militanti milanesi, darà vita alla **Lega Operaia Rivoluzionaria**, poi confluita nella **Lega Comunista Rivoluzionaria IV Internazionale**, denominazione assunta nel 1979 dai GCR di Maitan.

AO nel 1976 aderì al cartello elettorale di "Democrazia Proletaria", in cui entrò quando quest'ultima divenne un partito vero e proprio, riuscendo ad eleggere deputati Gorla[71] e Corvisieri.[72]

***

Assieme ad AO aderirono al cartello di DP anche il PdUP per il Comunismo, di cui si è detto e il movimento denominato **Lotta Continua (LC),** formazione della sinistra extraparlamentare[73], fondata nel 1969, inizialmente con caratteri movimentisti. Si sciolse nel 1976, mentre il giornale omonimo. Cessò le pubblicazioni nel 1982.

Nel 1975, abbandonato l'iniziale spontaneismo, LC decise di appoggiare alle regionali le liste del PCI. Alle politiche del 1976 si presentò invece nel cartello elettorale di DP, costituito assieme al PdUP p.i.c., ad Avanguardia Operaia e al **Movimento Lavoratosi per il Socialismo**[74], nato il 1° febbraio 1976 dal Movimento Studentesco (MS)[75].

Simbolo di Lotta
Continua

---

70   Nel 1972 AO pubblicò anche *Politica Comunista* e i *Quaderni di Avanguardia Operaia.*

71   Massimo Gorla (1933-2004) nel 1953 aderì al PSI e nel 1957 ai GCR, di cui in seguito divenne il leader degli *entristi* nel PCI. Nel 1968 lasciò il PCI e i GCR per partecipare alla fondazione di AO. Nel 1976 fu eletto deputato per il cartello di DP, della cui trasformazione in partito fu uno dei protagonisti.

72   Silverio Corvisieri (n. 1938), giornalista e storico, già redattore de *l'Unità* (1960-67)*,* è stato uno dei fondatori di AO e direttore del *Quotidiano dei Lavoratori.* È stato, inoltre, deputato dal 1976 al 1987.

Il cartello di Democrazia Proletaria ottenne sei deputati, di cui uno di Lotta Continua, Mimmo Pinto[76]. Nella seconda metà degli anni '70 LC si dissolse.

Un simbolo della Lega Comunista Rivoluzionaria (LCR)

Nel novembre 1979, in occasione del loro 21° congresso, i GCR cambiarono la loro denominazione in **Lega Comunista Rivoluzionaria IV Internazionale (LCR)**[77], sempre collegandosi alle battaglie fondamentali di Trotsky contro la dittatura stalinista e la degenerazione burocratica, che a suo avviso si era verificata in Russia.

La LCR concluderà la sua parabola nel 1989, in Democrazia Proletaria (che, a sua volta nel 1991 confluirà nel Partito della Rifondazione Comunista (PRC), di cui diremo più avanti.

***

---

73 Leader carismatico ne era Adriano Sofri. Altri esponenti erano Mauro Rostagno e Guido Viale.

74 Presidente ne era Giuseppe Alberganti; segretari prima Salvatore Toscano e poi Luca Cafiero. Il 31 maggio 1981 confluì nel PdUP p.i.c. di Lucio Magri.

75 Il MS era un'organizzazione extraparlamentare studentesca di sinistra di tipo assembleare, sorta in varie università, particolarmente in quella di Milano. Principali leader ne erano Mario Capanna e Salvatore Toscano.

76 Domenico Pinto (n.1948), esponente dei *Disoccupati organizzarti*, nel 1976 subentrò alla Camera a Vittorio Foa, che aveva rinunciato al seggio; nel 1979 fu rieletto, ma per il Partito radicale, mentre nel 1996 fu candidato, non eletto, per il "Polo delle Libertà".

77 Fra i più noti esponenti Livio Maitan, Franco Turigliatto e Marco Ferrando.

In occasione delle elezioni regionali del 15-16 giugno 1975, i maggiori raggruppamenti della sinistra extraparlamentare decisero di lasciarsi alle spalle il periodo movimentista iniziato col '68 e di operare all'interno delle istituzioni.

Conclusero perciò un accordo, fra loro, per costituire un comune cartello elettorale, che prese il nome di **Democrazia Proletaria (DP)** i seguenti soggetti politici: il Partito di Unità proletaria per il comunismo[78], Avanguardia Operaia, il Movimento Lavoratori per il Socialismo, i Gruppi Comunisti Rivoluzionari, cui abbiamo più sopra accennato, ed altri gruppi locali[79]. Nel 1976 si aggiunse anche Lotta Continua.

Alle elezioni politiche del 20-21 giugno 1976, DP ottenne l'1,5 % dei voti e sei deputati[80].

Il 13 aprile 1978 la coalizione si trasformò in partito ed elesse coordinatore, poi segretario (1984-1987), Mario Capanna[81], ex leader del Movimento Studentesco, cui successivamente subentrò Giovanni Russo Spena. Non vi aderì però il PdUP p.i.c. (che nel 1984 confluirà nel

Simbolo di Democrazia
Proletaria

---

78 Ricordiamo che il PdUP p.i.c. era nato nel 1974 dalla fusione del Manifesto (ex PCI) e del PdUP, proveniente dal PSIUP, che nel 1972 si era sciolto: la maggioranza del PSIUP (Vecchietti, Valori) era confluita nel PCI; la minoranza (Menchinelli, V. Gatto) era rientrata nel PSI (da cui tutti provenivano) e la corrente centrista (Foa, Miniati), detta "continuista", aveva dato vita appunto al PDUP.

79 Presente nelle liste di sei Regioni, DP ottenne 4 consiglieri regionali.

80 Degli eletti 3 erano del PdUP p.i.c. (Lucio Magri, Luciana Castellina, Eliseo Milani), 2 di AO (Massimo Gorla e Silverio Corvisieri) e 1 di LC (Mimmo Pinto).

81 Mario Capanna (n. 1945), dottore in filosofia, politico e scrittore, è stato un leader del Movimento Studentesco del 1968. Nel 1979, assieme al suo "Movimento degli Studenti di Milano", aderì al PdUP p.i.c., per poi confluire, con la minoranza dello stesso, in Democrazia Proletaria, di cui

PCI), ma solo la sua ala minoritaria degli ex psiuppini e il gruppo di Capanna.

All'interno del nuovo partito di DP convivevano perciò diverse anime e diverse sensibilità: c'erano marxisti-leninisti, cattolici progressisti, trotskisti, femministe, ecologisti, pacifisti, comunque tutti elementi critici nei confronti sia del comunismo sovietico che di quello del PCI, considerato ormai socialdemocratizzato.

In occasione delle elezioni politiche del 1979, DP promosse una larga coalizione delle forze a sinistra del PCI (tranne il PdUP p.i.c., che non vi aderì) denominata **Nuova Sinistra Unita (NSU),** che però non ottenne alcun seggio, mentre il PdUP p.i.c., da solo, ne conquistò otto.

Alle elezioni del 1983, però, DP ottenne 7 seggi e in quelle del 1987 elesse 8 deputati e 1 senatore.

Per vari anni DP fu impegnata ad elaborare forme di democrazia diretta, promuovendo o sostenendo referendum e presentando leggi di iniziativa popolare.

Nel maggio1989 la corrente ambientalista lasciò il partito per dar vita ai "Verdi Arcobaleno"[82]. Ciò accelerò la crisi del partito, già rimasto con soli 4 deputati, tanto che, in occasione del congresso del 9 giugno 1991, DP deliberò la fusione con la minoranza di sinistra del PCI che non accettava il nuovo corso di quel partito (MRC), per fondare assieme il Partito della Rifondazione Comunista (PRC).

***

---

divenne anche segretario (1984-1987). Fu anche deputato europeo (1979) e nazionale (dal 1983 al 1987).Nel 1989 se ne staccò per aderire ai "Verdi Arcobaleno". In seguito è rimasto un indipendente di sinistra ed è diventato scrittore. La sua opera più nota è *Formidabili quegli anni*.

82 Il raggruppamento nasceva da una confluenza di ex DP, guidati da Mario Capanna e di un gruppo di ex radicali, il cui esponente più noto era Francesco Rutelli, futuro sindaco di Roma. Nel dicembre 1990 i "Verdi Arcobaleno" si unificarono con la "Federazione delle Liste Verdi", dando così vita alla "Federazione dei Verdi".

Tornando alla Lega Comunista Rivoluzionaria, che aveva partecipato all'esperienza in DP, c'è da dire che anche all'interno del PRC le due componenti rivali rimarranno divise: la maggioranza di Maitan e Turigliatto[83] si riunì infatti nella corrente "Bandiera Rossa", mentre la minoranza di Ferrando[84] formò l'area definita "Proposta".

Dopo la morte di Maitan, avvenuta nel 2004, "Bandiera Rossa" diventò **Sinistra Critica**, i cui valori fondanti erano l'anticapitalismo, l'antifascismo, il femminismo e l'ecologismo.

Simbolo di Sinistra Critica

Inizialmente il gruppo che ora aveva il suo maggior esponente nel senatore Turigliatto[85], si costituì (2005) come corrente interna al PRC, la quale, nel gennaio 2007, si organizzò

---

83 Franco Turigliatto (n. 1946), dopo l'esperienza nel movimento studentesco, nel 1969 entrò nella IV Internazionale e quindi nella LCR fino al 1989, quando essa confluì in DP, nella cui direzione fu eletto. Nel 1991, assieme a DP, confluì nel PRC, della cui minoranza trotskista divenne un autorevole esponente. Nel 2006 fu eletto senatore per il PRC, ma non avendo volutamente partecipare, allontanandosi dall'aula, ad una votazione (2007) in sostegno del governo, il partito deliberò il suo allontanamento per 2 anni. Successivamente Turigliatto uscì dal PRC, assieme all'Associazione Sinistra Critica. Il 24 gennaio 2008 Turigliatto votò "No" alla fiducia al governo di centro-sinistra Prodi, contribuendo così alla sua caduta. Nel 2008 si ripresentò con Sinistra Critica, che però non ottenne alcun seggio. Quando Sinistra Critica si divise (2013), egli aderì a Sinistra Anticapitalista.

84 Marco Ferrando (n. 1954), professore di Storia e Filosofia, nel 1975 si avvicinò al trotskismo, aderendo al **Gruppo Bolscevico Leninista (GBL)** e quindi alla **Lega Operaia Rivoluzionaria (LOR),** poi confluita nella LCR, sezione del Segretariato Unificato della IV Internazionale, collocandosi nel gruppo di minoranza rispetto alla maggioranza di Maitan e Turigliatto. Nel 1981 la LCR passò a DP e con questa, nel 1991, al PRC, alla cui sinistra interna Ferrando si collocò, il che lo porterà alla componente "Progetto Critico". Successivamente, lasciato il PRC, fu tra i fondatori (18-6-2006) del Partito Comunista dei Lavoratori.

attorno all'"Associazione Sinistra Critica". Con l'assemblea di Roma del dicembre 2007 fu poi decisa la creazione di un soggetto politico autonomo, soprattutto a causa della decisione del PRC di partecipare al cartello elettorale denominato **La Sinistra l'Arcobaleno**[86].

Sinistra Critica si proclamò "movimento per la sinistra anticapitalista" e si presentò da sola alle politiche del 2008, ma non ottenne alcun seggio.

Simbolo di Sinistra Anticapitalista

Il 30 luglio 2013, considerata la presenza al suo interno di continui dissensi, Sinistra Critica si scioglierà con una lettera del Coordinamento Nazionale, in cui, fra l'altro, si diceva: *Con questa lettera noi dichiariamo chiusa l'esperienza politica di Sinistra Critica che quindi da oggi non esisterà più nel nome e nella simbologia. Ma il collettivo militante che questa organizzazione ha rappresentato non si ritira dalle battaglie politiche e sociali: dalle sue "ceneri" nascono altre storie, anzi già operano iniziative e attività articolate e complesse. I suoi e le sue militanti daranno vita, infatti, a progetti diversi, uno che propone una organizzazione politica più che mai orientata a un forte radicamento di classe, l'altro intenzionato a intraprendere, in un'ottica di classe, la strada della promiscuità tra "politico" e "sociale" che cominceranno a vivere pubblicamente nelle prossime settimane e nel mese di settembre.*

---

85 Altri esponenti di rilievo erano Luigi Malabarba, Salvatore Cannavò, Lidia Cirillo, Flavia D'Angelo (portavoce del movimento).

86 La coalizione fu decisa nell'assemblea congiunta fra i partecipanti:, il PRC, il PdCI, la Federazione dei Verdi e Sinistra Democratica (SD). Il cartello si sciolse nel 2008, a seguito dell'insuccesso nelle elezioni politiche dello stesso anno, in cui non ebbe alcun eletto.

Una delle due componenti diede quindi vita a **Sinistra Anticapitalista**[87] e l'altra a **Solidarietà Internazionalista**[88].

***

Simbolo del Partito di Alternativa Comunista (PdAC)

L'altra componente, quella dell'area ex minoritaria, della LCR ,"Proposta", invece, cambiò nome in **Progetto Comunista** e successivamente si divise in tre tronconi.

Il primo, uscito dal PRC il 22 aprile 2006, formò il **Partito di Alternativa Comunista (PdAC)**[89].

Secondo il PdAC *solo l'instaurazione della dittatura del proletariato, cioè la trasformazione dei lavoratori in classe dominante, potrà aprire una strada di progresso per l'umanità che conduca infine all'eliminazione della società divisa in classi e alla cancellazione di ogni forma di oppressione.* Per meglio raggiungere questi

---

87 A Sinistra Anticapitalista, "Ecosocialista Femminista Rivoluzionaria", come dice il suo logo, aderì Franco Turigliatto. Il movimento aderisce al "Segretariato Unificato della Quarta Internazionale".

88 L'Associazione Solidarietà Internazionalista, cui aderirono Flavia D'Angeli e Luigi Malabarba, vuole essere *uno strumento di dibattito e approfondimento culturale*, i cui membri *sono impegnati direttamente nel conflitto sociale e in progetti di autogestione, autoorganizzazione, riappropriazione sociale.*

89 Il PdAC aderisce alla "Lega Internazionale dei Lavoratori – Quarta Internazionale", fondata nel 1982, la quale *è impegnata nel processo di raggruppamento rivoluzionario nel mondo di tutte le organizzazioni d'avanguardia che, di là dalle diverse provenienze, siano disponibili a convergere nella difesa e nella riattualizzazione dei fondamenti politici, strategici e programmatici del troskismo per ricostruire la Quarta Internazionale, cioè un partito rivoluzionario su scala mondiale.*

obiettivi il PdAC vuole essere *un partito di quadri militanti che miri a guadagnare un'influenza sulla maggioranza politicamente attiva del proletariato"*. Infatti – sostiene il PdAC - *solo un partito coeso, fortemente centralizzato e disciplinato può porsi il compito storico di dirigere le masse contro la vecchia società borghese.*

***

Simbolo del Partito Comunista dei Lavoratori (PCL)

Il secondo gruppo, il più consistente, sorto anch'esso nel giugno 2006, diede vita al **Partito Comunista dei Lavoratori (PCL)**[90].

Il Partito Comunista dei Lavoratori, il cui maggior leader è Marco Ferrando, proveniva dall'ala più a sinistra del PRC, di cui non condivideva la politica di apertura verso il centro-sinistra, essendo essa contraria ad ogni *compromesso di classe*. Il PCL *si propone di diventare uno strumento della lotta dei lavoratori e delle lavoratrici per la propria piena emancipazione attraverso la conquista del potere politico, il rovesciamento dei rapporti sociali di sfruttamento che caratterizzano la società capitalistica, il completo superamento di ogni forma di oppressione sociale, nazionale, razziale o di genere e la realizzazione del comunismo come superiore forma di civiltà che consente il libero sviluppo di ogni essere umano in un quadro di solidarietà e fratellanza e di tutela e rispetto della natura da cui dipende l'avvenire delle generazioni future.*

***

---

90 Il PCL aderisce al "Coordinamento per la Rifondazione della Quarta Internazionale" (CRQI), un'organizzazione internazionale troskista fondata a Buenos Aires nel 2004. Leader del PCL è Marco Ferrando.

Il terzo gruppo, infine, rimase nel PRC e costituì (2006) l'associazione **ControCorrente.**

L'Associazione[91], che si richiama agli insegnamenti di Marx, Engels, Lenin e Trotsky, contraria ad ogni collaborazione col centrosinistra, il 15 ottobre 2013 lasciò il PRC e diede vita all'associazione *ControCorrente per una* **Sinistra dei Lavoratori** aderente al "Comitato per un'Internazionale dei Lavoratori" (CWI).

Simbolo del Comitato per un'Internazionale dei Lavoratori

Secondo i promotori *l'esperienza di Rifondazione Comunista si è chiusa, vittima delle proprie interne contraddizioni e delle decisioni di gruppi dirigenti che per anni hanno predicato bene la propria alterità rispetto al PD e ai partiti del centrosinistra, ma hanno razzolato male continuando ad allearvisi ovunque fosse possibile.*

Per cui, sostiene ControCorrente, *il logoramento politico, organizzativo, finanziario; l'apparire come parte integrante di un sistema politico travolto da una crisi di credibilità generalizzata* portano all'inevitabile conclusione di superare *quest'esperienza in direzione di un progetto nuovo, costruito su una linea politica di indipendenza dal centrosinistra e dallo Stato.*

L'associazione iniziò dunque un'intensa attività di solidarietà, con mobilitazioni nazionali ed internazionali e di promozione di campagne politiche unitarie con altri raggruppamenti. La sua organizzazione giovanile "Resistenze Internazionali" lotta contro tutte le discriminazioni e perciò si batte contro il sessismo, il razzismo, il militarismo e l'omofobia.

***

91 L'Associazione pubblica, dal 2007, il mensile *Resistenze* e, dal 2013, la rivista *Contro*Corrente.

Da registrare ancora la presenza, nel campo trotskista italiano, della **Lega Trotskista d'Italia (LTI)**[92], che è la sezione italiana della Lega Comunista Internazionale, la cui formazione risale al 1974, quando venne adottata, da un gruppo di troskisti espulsi dallo SWP, la *Dichiarazione per l'organizzazione di una tendenza trotskista internazionale*, favorevole al principio del centralismo democratico internazionale.

International Communist League
(Fourth Internationalist)

Lega Comunista Internazionale
(quartinternazionalista)

Nel 1979 si tenne la prima conferenza internazionale e fu eletto un Comitato esecutivo internazionale. Nel 1989 la nuova organizzazione divenne la "Lega Comunista Internazionale (quartinternazionalista)".

***

Simbolo di Sinistra Classe Rivoluzione

Nel settembre 1986 iniziò le pubblicazioni la rivista *FalceMartello*, con sottotitolo *Mensile marxista per l'alternativa operaia*, attorno alla quale ruotava un gruppo politico di orientamento trotskista, *entrista* nel Partito della Rifondazione Comunista, alla cui ala sinistra era collocato, che divenne la sezione italiana della **Tendenza Marxista Internazionale (TMI)**[93]. Nel 2002 il gruppo di *FalceMartello* si organizzò come componente autonoma

---

92 Organo della LTI è il periodico *Spartaco*. Portavoce ne è Marco Veruggio.

93 La TMI è un'organizzazione trotskista internazionale, presente in circa 30 Paesi, basata sulle idee del marxista britannico Ted Grant (1913-2006), fautore della tesi entrista, secondo cui i rivoluzionari devono operare *dentro, fuori e attorno alle organizzazioni di massa*.

all'interno della sinistra del PRC, e successivamente formò un movimento politico autonomo, che nel 2014 assunse la denominazione di **Sinistra Classe Rivoluzione**[94] **(SCR)**, la quale nel gennaio 2016 lasciò definitivamente il PRC.

Sinistra classe rivoluzione – si legge sull'organo del movimento, *Rivoluzione*, del 13 dicembre 2014 - *non sarà un nuovo partito, ma piuttosto un movimento politico. Vogliamo investire tutte le nostre forze nel movimento di massa che si è aperto e fra quelle fasce di lavoratori e giovani che stanno ragionando della necessità di un'alternativa. Il grande vuoto che esiste a sinistra non lo possiamo certo riempire noi, le nostre forze sono limitate. Inoltre, i partiti di massa non si creano sulla base di uno sforzo volontaristico ma sulla spinta dei grandi avvenimenti. Il nostro appello è rivolto alla Fiom, alla Cgil, a tutti i sindacati di classe ed è volto a lanciare una grande discussione nel movimento operaio per la formazione di un partito dei lavoratori. Un' esigenza che oggi è sentita non solo da una ristretta avanguardia ma da settori di giovani e lavoratori sempre più vasti. A questa prospettiva il nuovo movimento politico lavorerà con tutte le proprie forze, offrendo a tale dibattito un programma rivoluzionario e una prospettiva internazionalista, che solo la Tendenza marxista internazionale è in grado oggi di fornire.*

Bordighismo

---

94 I suoi esponenti più noti sono Claudio Bellotti, Alessandro Giardiello e Sonia Previato. Il movimento pubblica un quindicinale intitolato *Rivoluzione*, mentre il bimestrale *FalceMartello* ne è diventato la rivista teorica.

Nel variegato mondo del comunismo italiano un posto non secondario è occupato dal bordighismo, corrente che prese il nome dal suo leader più prestigioso, Amadeo Bordiga.

Le sue radici affondano nell'estrema sinistra del PSI, che nel 1918, un anno dopo la *Rivoluzione d'ottobre*, diede vita ad un giornale che ne abbracciava in pieno gli ideali: *Il Soviet*[95]. Nel 1919 il giornale divenne l'organo della "Frazione Comunista Astensionista", che attorno ad esso si era costituita. L'accordo tra tale gruppo e i programmi dell'IC era totale, tranne che in un punto: l'astensionismo[96], che sarà poi abbandonato, ma solo per disciplina. Fu appunto quella corrente, d'intesa con gli ordinovisti torinesi e con i massimalisti di sinistra, a dar vita, con la scissione di Livorno (1921), al Partito Comunista d'Italia (PCdI). Da quel momento la lotta contro i socialisti sembrò diventare l'obiettivo primario del nuovo partito, proprio quando la reazione fascista infuriava in tutto il Paese. E proprio sul giudizio sul fascismo ci sarebbe basata la successiva spaccatura fra la maggioranza bordighista del partito, per la quale esso non era che la *guardia armata* della borghesia, un'ala cioè della stessa classe borghese, e il resto del partito che era più vicino alle posizioni dell'IC che porteranno alla tattica – dalla direzione bordighista non condivisa – del *Fronte Unico* con le altre forze antifasciste.

Intanto a Mosca tramontava l'ipotesi trotskiszta della *rivoluzione permanente* e si affermava quella staliniana, confortata dalla realtà storica, della *costruzione del socialismo in un solo paese*. Bordiga, comunque, sarà uno dei più strenui oppositori della linea stalinista vincente, sia in seno all'IC che, grazie a quest'ultima, anche nel partito italiano.

Il bordighismo, infatti, si opponeva ad ogni iniziativa volta alla collaborazione con le altre forze antifasciste, dalla formazione degli *Arditi*

---

95 *Il Soviet* cessò le pubblicazioni nel 1922. Direttore ne era Amadeo Bordiga.

96 Per Bordiga il proletariato poteva arrivare al potere solo con *la lotta armata, con l'azione rivoluzionaria* e dunque non occorreva partecipare alle elezioni. La tesi astensionista fu criticata da Lenin in *L'estremismo: una malattia infantile del comunismo.*

del popolo[97], alla fusione col PSI massimalista, voluta dall'IC[98]. Sarà l'IC a chiudere i conti col bordighismo, quando, approfittando dell'arresto di Bordiga (1923), affiderà la direzione del partito al "centrista" Gramsci[99], poi definitivamente consacrato dal congresso di Lione (1926).

A quel punto la sinistra bordighista, che si era esposta solidarizzando coll'oppositore Trotsky[100] in seno all'IC, cominciò a sbandare, sotto i colpi delle espulsioni, mentre anche il fascismo, al potere dal 28 ottobre 1922, decimava le sue file.

---

97 Gli "Arditi del Popolo" furono un'organizzazione antifascista che si proponeva di contrastare con la forza le aggressioni delle squadracce fasciste. Si trattava soprattutto di ex combattenti di formazione sindacalista rivoluzionaria, anarchica o socialista, con alcuni comunisti seguaci di Gramsci. Ad alcune delle loro azioni parteciparono due personaggi destinati a diventare famosi nel secondo dopoguerra: Riccardo Lombardi e Giuseppe Di Vittorio.

98 La fusione non ebbe luogo perché fu rifiutata dal "Comitato di difesa socialista" di Arturo Vella e Pietro Nenni, che mise in minoranza i "terzinternazionalisti" di Serrati, che nel 1924 confluirono quasi tutti nel PCdI.

99 A quanto pare le correnti, tanto vituperate nel PSI, si erano riprodotte anche in seno al partito comunista: la "sinistra" di Bordiga, il centro" di Gramsci, la "destra" di Tasca (espulso nel settembre 1929, per essersi schierato con la destra sovietica di Nikolai Bucharin). Al vertice del gruppo "centrista" stavano Antonio Gramsci, Palmiro Togliatti e Umberto Terracini.

100 Con questa accusa Bordiga venne espulso dal PCdI il 20 marzo 1930, con un voto unanime del suo Comitato Centrale.

Alcuni bordighisti lasciarono il PCdI[101], mentre altri[102] cercarono di organizzarsi in frazione, specialmente in seguito alla decisione dell'IC di imporre a tutti i militanti la condanna di Trotsky. A Pantin, in Francia, nel 1928, si costituì, infatti, la "Frazione di Sinistra del PCdI"[103], la quale cercò di colloquiare con le varie altre opposizioni di sinistra, e in particolare con quella trotskista, per costruire una tendenza di sinistra internazionale. Ma il tentativo venne a cozzare con le posizioni di Trotsky[104], fautore del *fronte unico*, cui i bordighisti erano ostili. Trotsky privilegiava i rapporti con la Nuova Opposizione Italiana (NOI), più vicina alle sue posizioni.

Nel 1935 dunque i bordighisti ruppero con le altre correnti comuniste di sinistra e assunsero la denominazione di **Frazione Italiana della Sinistra Comunista**.

---

101 Lasciò il partito comunista Michelangelo Pappalardi (1895-1940), dottore in Lettere, il quale, assieme ad alcuni militanti, nel 1926 costituì il **Gruppo Autonomo Comunista** e, nel luglio 1927, i **Gruppi d'Avanguardia Comunista (GAC).** Nel 1939 emigrò in Argentina.

102 In particolare Ottorino Perrone (1897-1957), un dei fondatori del PCdI. Egli fu emarginato dalla direzione centrista del PCdI, vincitrice del congresso di Lione (1926), in cui Perrone aveva difeso le tesi della sinistra bordighista, arrivando fino alla rottura con l'indirizzo scaturito dal congresso. In seguito aderirà al PCInt e, in occasione della scissione di quest'ultimo del 1952, si schiererà con le tesi di Bordiga.

103 La Frazione pubblicava, in italiano, il quindicinale *Prometeo* e la rivista teorica *Bilan*. Un ruolo importante ebbe, nell'organizzazione della Frazione, Aldo Lecci (1900-1974), rivoluzionario fiorentino e membro del Comitato Centrale della stessa.

104 Le posizioni bordighiste sono state spesso accusate di *settarismo*. Sul tema del settarismo, tagliente il giudizio dato da Trotsky, fautore dell'*entrismo*: *I settari... propongono di volgere le spalle ai "vecchi" sindacati... rimangono indifferenti alla lotta interna delle organizzazioni riformiste... Si rifiutano in pratica di fare una distinzione tra democrazia borghese e fascismo, come se le masse potessero non accertare questa distinzione a ogni momento! ... Si rifiutano, nel caso della Spagna, di distinguere tra i due campi in lotta per la semplice ragione che sono entrambi di natura borghese.* (Dal *Programma di Transizione* del 1938 di Leone Trotsky).

Il giudizio dato dalla maggioranza[105] della Frazione sulla guerra civile di Spagna (1936), considerata il primo passo verso lo scontro fra imperialismi, dai quali il proletariato doveva rimanere indipendente, allargò la frattura non solo col movimento trotskista[106], ma anche nelle sue file[107].

Anche di fronte all'imminente guerra mondiale i bordighisti si divisero: una parte la considerava uno dei tradizionali contrasti tra opposti imperialismi per il controllo dei mercati, mentre un'altra riteneva che la sconfitta degli Stati fascisti potesse aprire spiragli per una svolta rivoluzionaria, alla quale occorreva partecipare.

Ma l'invasione nazista del Belgio e della Francia, Paesi in cui principalmente operavano i bordighisti, spazzò via tutti i gruppi, ormai costretti alla clandestinità. Solo alla fine del 1940, alcuni elementi riuscirono a ricostruire un piccolo nucleo[108] a Marsiglia, a cui aderirono anche militanti francesi.

Alla fine del 1942, nell'Italia del Nord, alcuni ex dirigenti[109] del PCdI, già espulsi o emarginati per la loro adesione alle posizioni della Sinistra Comunista, costituirono il Partito Comunista Internazionalista (PCInt).

***

---

105 La tendenza contraria ad ogni forma di intervento in difesa della Repubblica spagnola aveva i suoi principali esponenti in Ottorino Perrone (1897-1957) e Virgilio Verdaro (1885-1960).

106 In difesa della Repubblica si schierò lo spagnolo POUM (Partido Obrero de Unificacion Marxista), di orientamento trotskista.

107 Invece la tendenza bordighista favorevole all'intervento riteneva che in Spagna si potessero aprire spazi rivoluzionari; essa faceva capo a Mario De Leone (1889-1936) e a Enrico Russo (1895-1973), che combatterono in Spagna per la Repubblica. Russo fu comandante della *Columna Internacional Lenin* del POUM.

108 Una parte di questo gruppo aderirà al PCInt.

109 Mario Acquaviva (1900-1945), Onorato Damen (1983-1979), Rosolino Ferragni (1896-1973), Bruno Maffi (1909-2003).

Il neocostituito **Partito Comunista Internazionalista (PCInt)** successivamente si rafforzò[110], specialmente dopo la deposizione di Mussolini (25 luglio 1943), grazie all'uscita dal carcere di molti militanti e al rientro dall'estero (Francia, Svizzera e Belgio, soprattutto) di altri membri della Frazione che avevano scelto l'emigrazione. Qualche contatto si avrà anche con militanti meridionali che si erano raggruppati attorno a Bordiga.

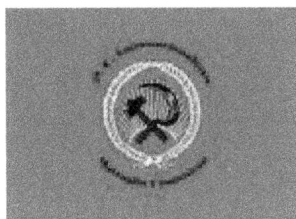

Simbolo del Partito Comunista Internazionalista

Nel novembre 1943, dopo l'occupazione nazista del Nord Italia e della formazione della Repubblica di Salò, e dunque in piena clandestinità, uscì il primo numero di *Prometeo*[111], organo del PCInt.

Il nuovo partito, presente solo nel Nord perché separato dal resto d'Italia dalla linea del fronte di guerra, si caratterizzò subito per la sua posizione a favore della trasformazione del conflitto, ritenuto imperialista, in guerra civile, cioè per una rivoluzione proletaria contro il capitale e dunque di condanna della politica di alleanza antifascista delle sinistre con le forze democratiche borghesi, ritenuta una scelta interclassista, considerando perciò entrambi i fronti imperialisti e denunciando, senza mezzi termini, quella che era ritenuta la "controrivoluzione stalinista".

Specialmente dopo l'ingresso del PCI (ormai pienamente allineato alla politica di Stalin) nel secondo governo Badoglio, esplose la polemica del PCInt contro i "cugini" del partito togliattiano, fortemente impegnato

---

110 Nel corso del 1944 il PCdInt raggiungerà circa duemila iscritti.

111 Si trattava della terza serie. Inizialmente *Prometeo* era stata una rivista teorica interna, fondata da Bordiga, del PCdI; poi era riapparsa in Francia (1928-1938) come organo della Frazione costituitasi a Panten nel 1928. Nel luglio 1946 *Prometeo* diventerà bimestrale, come rivista teorica. Sul primo numero Bordiga pubblicò un *Tracciato d'impostazione*, come base programmatica del partito, ma volle partecipare alla costruzione dello stesso solo dall'esterno, per non influenzare i militanti col suo carisma.

nella Resistenza al nazifascismo, nella partecipazione al CLN, a fianco di forze democratico-borghesi e nel sostegno dello sforzo bellico dell'URSS, alleata degli anglo-americani. Il clima infuocato delle polemiche si protrasse fino alla fine della guerra, poco dopo la quale furono assassinati, in circostanze rimaste oscure, due noti esponenti del PCInt[112].

Nel dopoguerra, a dare una struttura nazionale al PCInt contribuì la fusione, formalizzata il 29 luglio 1945, con la "Frazione di Sinistra dei Comunisti e dei Socialisti Italiani", un movimento rivoluzionario che si era formato nell'Italia meridionale negli anni 1944-45[113]. Intanto, dal maggio 1945 nuovo organo del partito era divenuto il settimanale *Battaglia Comunista*, con *Prometeo* come sua rivista teorica bimensile.

Dopo un certo successo del Convegno nazionale svoltosi a Torino fra il 28 dicembre 1945 e il 1° gennaio 1946 e la sua partecipazione alle elezioni per l'Assembla Costituente[114], non per accettazione della dialettica democratica, ma solo come tribuna propagandistica per la propria linea rivoluzionaria, cominciò per il PCInt un certo declino, dovuto principalmente al passaggio del PCI all'opposizione e alla sua notevole forza di attrazione, sostenuta dalla sua efficiente organizzazione. Lo si vide al primo congresso del PCdInt, tenuto a Firenze nel maggio 1948.

Inoltre varie differenziazioni cominciarono ad emergere nelle sue file, dovute alla diversa formazione e storia personale dei singoli militanti. Le divergenze finirono per coagularsi in due tendenze, divergenti sull'analisi dell'imperialismo, sul giudizio sull'URSS[115], sulla questione sindacale, sulle lotte di liberazione nazionale che divampavano in varie parti del mondo, sulla partecipazione alle elezioni.

---

112 Mario Acquaviva e Fausto Atti.

113 Esponenti principali ne erano Giuseppe De Nito, Ludovico Tarsia ed Edoardo Magnelli, che parteciparono agli incontri preliminari con dirigenti del PCInt, in particolare con Bruno Maffi.

114 Il PCInt, presente solo in quattro circoscrizioni, ottenne 22.644 voti (0,10 %) e nessun seggio. Deludenti i risultati anche alle politiche del 1948, a cui pure partecipò, con le stesse finalità puramente propagandistiche.

115 "Capitalismo di stato" per Damen, "industrialismo di stato" per Bordiga.

La tendenza *attesista*, influenzata da Bordiga, tendeva a considerare la situazione politica controrivoluzionaria e perciò propendeva per il lavoro teorico e programmatico, per "restaurare" la purezza ideologica del marxismo, e quindi sottovalutava la partecipazione alle lotte operaie.[116]

Onorato Damen

L'altra componente *attivista*, che si riconosceva nelle tesi di Onorato Damen[117], sosteneva, al contrario, che non ci si poteva porre come compito principale del partito la "restaurazione" teorica del marxismo, trascurando l'azione pratica, e quindi non cogliendo le opportunità che tale azione poteva aprire.

La tensione fra le due componenti giunse al massimo quando il Comitato Centrale deplorò ufficialmente (1 luglio 1951) la pubblicazione di un bollettino interno da parte di Damen e di altri membri del C.C.[118] e il 5 ottobre 1951 il Comitato Esecutivo li espulse.

---

116 La spaccatura aveva radici più antiche. Già negli anni Trenta i bordighiani ritenevano impossibile ogni politica rivoluzionaria, ritenendo di assistere alla *scomparsa della classe operaia*, per cui avevano proposto lo scioglimento della frazione.

117 Onorato Damen (1893-1979) aderì giovanissimo al PSI e fu poi tra i primi aderenti al PCdI. Con l'avvento del fascismo, esulò in Francia, da cui tornò nel 1924 perché eletto deputato. Nel 1925, assieme a Repossi e Fortichiari, costituì il "Comitato di Intesa", in difesa della sinistra comunista, emarginata dall'IC. Arrestato dal regime fascista scontò 7 anni di carcere. Nel 1929 fu espulso dal PCdI, come molti altri bordighisti. Successivamente confinato, nel 1940 fu tra i fondatori del PCInt., all'interno del quale capeggiò la corrente *attivista* (in contrapposizione a quella *attesista* di Bordiga). Tale disaccordo portò alla scissione del 1952. Damen rimase militante impegnato fino alla fine.

118 Bottaioli, Lecci e Stefanini.

La corrente Damen reagì convocando un congresso per decidere sui punti contestati, cioè, in ultima analisi, se era opportuno intervenire negli avvenimenti politici oppure no[119].

La corrente Bordiga preferì procedere per conto suo, riunendosi a Firenze nel dicembre 1951.

Il congresso promosso dalla corrente Damen (dal 31 maggio al 2 giugno1951) annullò il vecchio Comitato Esecutivo e ne elesse uno nuovo[120]. Era avvenuta una scissione di fatto.

Il giornale *Battaglia Comunista* e la rivista teorica *Prometeo* rimasero al gruppo Damen[121], mentre il gruppo Bordiga pubblicò un solo numero della rivista teorica *Sul filo del tempo* e si dotò di una nuova testata: *Il programma comunista*. Si ebbero così due partiti comunisti internazionalisti con lo stesso nome, fino al 1964, quando il gruppo di *Programma Comunista*, in seguito ad un'ulteriore scissione, cambiò l'aggettivazione da *internazionalista* ad *internazionale*:

Il Partito Comunista Internazionalista- Battaglia Comunista (Damen);

il Partito Comunista Internazionalista – Il programma comunista (Bordiga) (PCInt-PC).

***

Il **PCInt / Battaglia Comunista** definì la sua collocazione teorica col congresso di Milano del 2-4 maggio 1952 (al quale il gruppo Bordiga non partecipò), in cui fu approvata la *Piattaforma politica del partito*, la quale, fra l'altro, escludeva ogni appoggio ai movimenti di liberazione

---

119 Bisognava decidere sull'intervento o meno del partito nelle lotte rivendicative, sull'opportunità o meno di costituirsi nei sindacati come corrente, sulla partecipazione alle Commissioni interne nelle fabbriche, sulla natura dell'URSS (Paese capitalista o tendente al capitalismo?), sulla posizione da prendere nell'eventuale nuova guerra mondiale.

120 Bottaioli, Ferragni, Lecci.

121 Per un breve periodo da ambedue i partiti fu pubblicato un giornale con lo stesso titolo di *Battaglia Comunista*.

nazionale. Fin dall'inizio il partito cercò di allargare il suo orizzonte soprattutto attraverso contatti con gruppi di sinistra italiani[122] ed esteri.

Nel 1977 il partito organizzò a Milano una "Conferenza dei Gruppi della Sinistra Comunista Internazionale", successivamente seguita da altre due, da cui scaturì il "Bureau Internazionale per il Partito Rivoluzionario" (BIPR), che dal 2010 si chiamerà **Tendenza Comunista Internazionalista (ICT)**, di cui il PCInt costituisce la sezione principale. Il partito è convinto che l'unica "invarianza" sia la critica dell'economia politica e l'alternativa storica "O socialismo o barbarie". Per cui ritiene che il processo rivoluzionario non abbia nulla di meccanicamente certo: occorre invece, oltre l'impegno teorico, un'attività di partito a stretto contatto con le lotte quotidiane del proletariato.

Nel 2009 un gruppo di militanti lasciò l'organizzazione, considerando chiusa l'esperienza della sinistra comunista, e costituì un'associazione denominata *Istituto Onorato Damen*, che pubblica la rivista *DemmeD – Problemi del socialismo nel XXI secolo* e vuole essere un laboratorio teorico e politico per la costituzione di un partito comunista mondiale.

✱✱✱

Il **Partito Comunista Internazionalista/Programma Comunista (PCInt PC)**, costituito nel 1952, si basava sul "centralismo organico", rifiutava quindi – pur dichiarandosi fedele a Lenin - il modello organizzativo della Terza Internazionale, costituito dal "centralismo democratico", considerato ormai superato, mentre non cessava di combattere quella che considerava la "controrivoluzione"staliniana. Questo ed altri temi teorici e organizzativi furono approfonditi, anche grazie all'apporto fondamentale di Bordiga, negli anni '50, alla fine dei quali il movimento

---

122 Ad esempio con **Azione Comunista** di Bruno Fortichiari (1892-1981), gruppo sorto attorno alla rivista omonima, il cui primo numero apparve il 21-6-1956 e col Gruppo di **Unità Proletaria**, fondato a Cremona dallo scrittore Danilo Montaldi (1929-1975), che si proponeva di svolgere attività di propaganda rivoluzionaria in provincia di Cremona.

assunse una dimensione internazionale[123], diffondendosi in Francia, in Belgio, ecc.

La ripresa delle lotte operaie negli anni '60 indusse vari militanti ad intervenirvi, mentre,al contrario, Bordiga e quelli a lui più vicini[124] rimasero fermi nella convinzione che si stesse attraversando una lunga fase storica controrivoluzionaria, per cui sarebbe stato opportuno "consegnare alla storia" l'Internazionale Comunista, sorta in un momento storico ormai esauritosi..

Questa diversa visione del ruolo del partito portò a varie scissioni, a volte mini-scissioni.

Nel 1962 si staccò il gruppo milanese di **Ottobre Rosso**, di breve durata. Una scissione più consistente nel 1964 diede vita a **Rivoluzione Comunista.** A seguito di questa scissione il il PCInt PC) mutò il suo nome in **Partito Comunista Internazionale – Il programma comunista**, il quale nel 1965 sancì l'adozione del "centralismo *organico*", abbandonando così, anche formalmente, il "centralismo *democratico"* della III Internazionale[125].

Nel 1974 le sezioni fiorentine, espulse dal PCInt PC, costituirono il **Partito Comunista Internazionale – Il Partito Comunista**, che nel 1979 pubblicherà la rivista teorica *Comunismo*. Nel 1977 ad uscire sarà un gruppo che formerà il **Nucleo Comunista Internazionalista**[126]. Seguirà una serie di espulsioni fino ad arrivare alla crisi dei primi anni '80,

---

123 I bordighisti concepiscono il partito come un'unica organizzazione internazionale.

124 Come, ad esempio, il francese Jacques Camatte.

125 Il "centralismo organico" comporta il rigetto del principio democratico nella vita interna del partito, il quale, per i bordighisti, non deve funzionare come un parlamento borghese. Il partito deve, invece avere la più grande omogeneità, indispensabile per diventare lo stato maggiore del proletariato in lotta col capitalismo. In questo periodo (1966) si ebbe la scissione del gruppo di Jacques Camatte e l'uscita di Roger Dangeville, bordighisti francesi. Nel 1972 si scisse la sezione scandinava del danese Carsten Juhl.

126 Alcuni suoi membri negli anni '90 costituiranno l'**Organizzazione Comunista Internazionalista**.

quando varie sezioni estere e molti singoli militanti lasceranno il partito, tranne piccoli nuclei che continueranno a pubblicare in italiano *Il programma Comunista* ed altri giornali in varie lingue[127].

Rimarranno i tradizionali scopi: tenere fermo il programma "invariante", combattere le deviazioni *attendiste* o *attiviste*, costruire il partito comunista internazionale, che un giorno dovrà guidare il proletariato nella rivoluzione mondiale.

I volenterosi rimasti, constatato il fallimento del "centralismo organico" ritornarono al "centralismo democratico" ed elessero un Comitato Centrale (1983). A questa svolta reagirono gli "anziani"[128], che si ripresero la testata giornalistica *Il programma comunista*. Gli altri allora riuscirono a pubblicare un nuovo giornale: *Combat – Per il Partito Comunista Internazionale*, ma nel 1987 tale gruppo si sciolse[129].

Il Programma Comunista fu ripreso da Bruno Maffi[130].

***

Il gruppo che nel novembre 1964 diede vita al **Partito Comunista Internazionale – Rivoluzione Comunista,** si era formato l'anno precedente, all'interno del PCInt PC, attorno all'omonima rivista, sulla base della constatazione che, essendo finito il *boom* economico, si stava entrando in una nuova fase di lotte operaie, per cui nasceva l'esigenza di un significativo intervento nelle medesime; per la maggioranza del

---

127 Sorgeranno, in questo periodo, "Lettere ai compagni" (1981, dal 1999 "Quaderni internazionalisti"); il Partito Comunista Internazionale - Il Comunista" (1982); il Partito Comunista Internazionale – Il Bollettino".

128 Principalmente Bruno Maffi e Alfonso Pinazza (legale proprietario de *Il Programma Comunista*).

129 Dal gruppo di *Combat* si staccò un altro gruppo attorno al giornale *Il Comunista*.

130 Nel 2002 la sezione di Schio si separò dal gruppo e diede vita al **Partito comunista internazionale – sul filo rosso del tempo**, che cessò la sua attività nel 2013. Nel 2014 alcuni suoi ex militanti inizieranno a pubblicare la rivista *La freccia nel tempo*.

partito, invece, si era ancora in una fase controrivoluzionaria. Ma Rivoluzione Comunista insisteva sulla necessità di passare dal *programmismo* all'*interventismo militante*.

Il motivo dell'inevitabile scissione fra le due anime fu comunque l'opposizione di RC alle tesi di Bordiga che intendevano creare un nuovo tipo di organizzazione, basata sul *centralismo organico*.

Gli anni successivi alla costituzione in partito furono dedicati da Rivoluzione Comunista a meglio definire i confini che la distinguevano dalle forze affini, quelle di *Battaglia Comunista* e quelle di *Programma Comunista*. Inoltre, una volta deciso di intervenire nelle lotte operaie, il dibattito interno si incentrò su quale concretamente dovesse essere tale intervento. La nuova discussione portò ad una nuova scissione, con l'espulsione, alla fine del 1965, di un gruppo minoritario, accusato di *formalismo*[131].

Separatasi dai "formalisti", la maggioranza operativa iniziò un'intensa attività di interventi su vari terreni di lotta[132], ma con un'azione limitata a poche province, fra cui la principale era quella di Milano.

Dopo aver criticato l'*empirismo* di *Battaglia Comunista*, il *teoricismo* di *Programma Comunista* e il *tatticismo* di Lotta Comunista (di cui diremo più avanti), nel 1975 lanciò la linea del *Fronte Proletario*, che nel 1977 fu sostituita da quella della *Difesa Proletaria*, per la difesa appunto del proletariato e, in particolare, delle sue fasce più deboli. Successivamente (1986-89) passò alla tesi della *lotta offensiva*. Intorno alla fine del secolo ritenne che si fosse arrivati all'*Apocalisse* del capitalismo, per cui credette arrivato il momento di appellarsi alla mobilitazione proletaria e

---

131 Tale minoranza alla fine del 1965 costituì un nuovo organismo, denominato **Gruppo Comunista Internazionalista Autonomo**, che successivamente si diede come organo la rivista *L'Internazionalista* (1975-1990). Il *formalismo* che la maggioranza gli addebitava consisteva nella continua verifica dei fatti concreti alla luce della teoria, il che finiva per frenare l'azione del partito.

132 Oltre all'organo di partito *La Rivoluzione Comunista*, pubblicò un bollettino sindacale (*Lotte Operaie*), un foglio indirizzato agli studenti (*L'Agitatore Comunista*) e un altro diretto alle donne (*Donna Proletaria*).

all'internazionalismo, nella prospettiva di una rivoluzione, che avrebbe segnato la conquista del potere da parte del proletariato.

Maoismo

Fra l'URSS di Stalin e la Repubblica Popolare Cinese di Mao tse-tung le relazioni erano ottime, tanto che i due Paesi comunisti avevano stipulato un "Patto di amicizia".

Le cose cominciarono a cambiare dopo il *rapporto segreto* di Krusciov al XX Congresso del PCUS (1956), a partire dal quale cominciò ad essere demolito il mito di Stalin, "novità" non condivisa dai comunisti cinesi.

Successivamente una serie di iniziative sovietiche, quali ad esempio la ripresa delle relazioni con la Jugoslavia di Tito, "scomunicato" nel 1948, e la critica sovietica al *Grande balzo in avanti*, deciso dalla dirigenza cinese, contribuì ad acuire la tensione fra i due colossi comunisti..

Nel 1960 la polemica divenne aperta: i russi accusarono i cinesi di *avventurismo* e di *nazionalismo* e i cinesi li ricambiarono, chiamandoli *revisionisti*.

Il ritiro degli specialisti sovietici dalla Cina (1961) allargò poi il fossato fra il PCUS e il PCC.

In Occidente gli altri partiti comunisti, compreso il PCI, si schierarono quasi tutti con Mosca.

A quel punto Mao lanciò la direttiva di creare *partiti autenticamente marxisti-leninisti*, ovunque vi fossero delle dirigenze *revisioniste*.

Divenne allora naturale che molti di quei comunisti che non avevano mai veramente digerito la linea "moderata", portata avanti da Togliatti fin dalla *svolta di Salerno* (1944), sviluppata poi con la scelta per il *partito nuovo* e con la strategia delle *vie nazionali al socialismo*, cominciassero a guardare alla Cina di Mao, che della svolta "revisionista" era diventata il più severo critico.

La delusione di questi militanti era diventata ancora più forte in seguito all'allineamento del PCI alla destalinizzazione avviata in URSS e poi nei paesi satelliti; per cui essi cominciarono a vedere in Mao il più conseguente interprete del marxismo-leninismo, che faceva rinascere in loro la speranza di una prossima rivoluzione che partisse dal cosiddetto "Terzo Mondo" e della quale già si vedevano i primi bagliori nella rivoluzione cubana di Fidel Castro e nella guerra del Vietnam.

Nel settembre 1962 un gruppo di comunisti padovani pubblicò *Viva il leninismo*, il primo giornale italiano marxista-leninista[133]. Nell'estate 1963 sorsero le *Edizioni Oriente*, che pubblicavano soprattutto materiale proveniente da Tirana[134] e nel marzo 1964 apparve il mensile *Nuova Unità*, diretto da Ugo Duse[135], che nel primo numero pubblicò le *Proposte per una piattaforma dei marxisti-leninisti d'italia*. Il gruppo inizialmente non si pose in contrapposizione frontale col PCI, in quanto riteneva che la *deviazione riformista* riguardasse solo il gruppo dirigente di quel partito.

Ma già nel suo I convegno (giugno 1964) emersero proposte di costituire gruppi esterni che agissero alla luce del sole.

Nel novembre 1964, infatti, venne fondata da Arnaldo Bresson, proveniente dal *Centro Lenin* di Milano, da Ugo Duse (già direttore di *Nuova Unità*) ed altri la **Lega della Gioventù Comunista (m-l)**. Nel gennaio 1965 *Nuova Unità* sospese le pubblicazioni. In seguito, mentre la maggioranza della Lega, facente capo a Duse, contrario all'*entrismo* nel PCI, diede vita alla **Lega dei comunisti marxisti-leninisti,** con organo il periodico *Il Comunista*, la minoranza[136], favorevole a tenere rapporti

---

133 Il gruppo era formato da Ugo Duse, Enzo Calò, Ugo Pisone, Severino Gambato e Mario Quaranta. In tutto uscirono tre numeri del giornale.

134 Il Partito Albanese del Lavoro (comunista) si era schierato con il Partito Comunista Cinese. Principale fondatore e direttore delle *Edizioni Oriente* fu Giuseppe Regis, ex partigiano, già iscritto al PCI.

135 Vicedirettore era il filologo Mario Geymonat (1941-2012). Del gruppo facevano parte anche Arturo Balestri, Fosco Dinucci, Enzo Misefari, Manlio Dinucci, Osvaldo Pesce, Livio Risalti.

136 Principali esponenti ne erano Arturo Balestri, Fosco Dinucci, Mario Geymonat, Enzo Misefari e Osvaldo Pesce.

aperti col PCI, riprese (aprile 1965) la pubblicazione di *Nuova Unità* e costituì il **Movimento Marxista-Leninista Italiano.**

***

1 - I due gruppi ebbero percorsi diversi. Il gruppo della **Lega dei comunisti marxisti-leninisti**, convinto che ormai ci si potesse attendere una svolta rivoluzionaria solo dai movimenti del Terzo mondo, cercò di incoraggiare, senza riuscirvi, il volontariato per il Vietnam e di sostenere gruppi sudtirolesi che si battevano per l'indipendenza, ma che poi si rivelarono essere di estrema destra.

Questi errori causarono nuove scissioni, fino a quando la Lega, nel 1971, entrò nel "Manifesto" di Magri e Rossanda, per uscirne l'anno dopo e aderire al PCI.

La scissione più consistente[137] portò gran parte dei militanti a partecipare, il 3 luglio 1966, a Milano, alla fondazione[138] della **Federazione marxista-leninista d'Italia**, avente, come organo di stampa, *Rivoluzione Proletaria*, uscita il 20 settembre 1966.

La Federazione nasceva dall'esigenza di coordinare gli sparsi gruppi e gruppetti marxisti-leninisti, sia per approfondire gli aspetti teorici, sia per potenziare l'attività di massa. Il fine ultimo naturalmente era quello non solo di favorire l'ingresso nel suo seno di altre formazioni m-l, ma anche

---

137 Un'altra scissione di una certa consistenza fu quella che avvenne a Brescia nel 1970, con la quale fu costituita la **Lega marxista-leninista d'Italia**, con leader Elidio De Paoli. Essa si caratterizzò per il sostegno alle tesi di Lin Piao, numero due del PCC, anche dopo la sua caduta. Si sciolse nel 1973. De Poli (n. 1948) in seguito sarà eletto tre volte senatore: nel 1992 e nel 1994 per la "Lega Alpina Lombarda" e nel 2001 per la "Lega per l'Autonomia Alleanza Lombarda-Lega Pensionati".

138 Parteciparono alla fondazione (3-7-1966) della Federazione m-l d'Italia, oltre a una parte dei militanti della Lega dei Comunisti Marxisti-Leninisti, i gruppi maoisti di Azione Comunista, alcuni dissidenti di *Nuova Unità*, e le *Edizioni Oriente* di Giuseppe Regis, in precedenza equidistanti nella polemica tra *Il Comunista* e *Nuova Unità*.

di superare le persistenti differenze fra quelle già aderenti. Anche se la sua struttura federativa strideva col metodo del *centralismo democratico* del leninismo, cui tutti si richiamavano, era ritenuto apprezzabile il suo sforzo di amalgamare formazioni fra le quali non mancavano differenze ideologiche e di linea politica. Per questo la Federazione si concentrò nello sforzo di sottolineare quanto univa i vari gruppi: il pensiero di Marx e di Lenin, ma soprattutto quello di Mao Tse Tung, di cui si evidenziavano le intuizioni strategiche, in particolare quelle riguardanti la "rivoluzione ininterrotta" e le potenzialità rivoluzionarie delle campagne e dei popoli oppressi, il ruolo della guerriglia nelle lotte rivoluzionarie. Su tale impostazione ideologica cercò anche di innestare alcuni aspetti di pratica rivoluzionaria derivanti dal *castrimo* e dal *guevarismo.*

Tuttavia lo sforzo per raggiungere un'unità di base non fu premiato e, dopo il primo congresso, in cui fu cambiato il nome in **Federazione dei Comunisti (m-l) d'Italia** (3-9-1967), il tentativo di realizzare un'organizzazione rivoluzionaria non accentratrice non poté essere realizzato[139]. Fu probabilmente tale insuccesso ad innescare una serie di scissioni.

Un gruppo, proveniente dal **Centro Antimperialistico Che Guevara** di Roma, fu il primo a staccarsi, dando vita al giornale *Tribuna rossa*[140]; nell'estate del 1968, subito dopo lo scioglimento della Federazione, un altro gruppo fondò il **Partito Rivoluzionario (marxista-leninista) d'Italia**[141]. Un'altra ala della Federazione fondò **Avanguardia Proletaria Maoista (APM)**[142].

La Federazione si sciolse il 2 agosto 1968.

---

139 La Federazione si sciolse il 2 agosto 1968.

140 Esponente importante ne era Vincenzo Calò.

141 Il gruppo, a cui rimase la testata *Rivoluzione Proletaria*, era raccolto attorno a Luciano Raimondi, milanese, professore di Storia e Filosofia, ex partigiano. Il quale nel 1992 si iscrisse a Rifondazione Comunista. Successivamente (18-1-1970) il Partito Rivoluzionario (m-l) d'Italia si sciolse e alcuni suoi esponenti confluirono nell'**Unione dei Comunisti Italiani** di Aldo Brandiroli. Il Partito Rivoluzionario (m-l) d'I, di cui era segretario Giuseppe Maj, fu sciolto il 18 gennaio 1970.

***

2 - Il **Movimento Marxista/Leninista Italiano**, in un primo momento favorevole a mantenere rapporti aperti col PCI, nel marzo del 1966 modificò la sua linea *entrista*[143] e pubblicò su *Nuova Unità* (2° serie) le linee organizzative del movimento marxista-leninista italiano; nel giugno successivo, lanciò le nuove tesi con *Avanti con la costruzione del partito*.

Era dunque ormai inequivocabile la volontà di costruire un partito m-l. antagonista del *revisionista* PCI.

Nei giorni 14, 15 e 16 ottobre 1966 a Livorno, proprio nella città che aveva dato i natali al PCdI di Bordiga e Gramsci, ebbe luogo l'assemblea che, constatata *la deriva riformista e parlamentarista* del PCI, proclamò costituito il **Partito Comunista d'Italia (marxista-leninista)**, in sigla **PCd'I (m-l)**, di ispirazione stalinista e maoista[144], con Fosco Dinucci segretario [145].

---

142 Fondatori ne furono Spazzali, Thiella e Semeraro, il quale ultimo, nel settembre 1969, lasciò il gruppo e fondò il **Partito comunista marxista-leninista-maoista italiano**, con organo di stampa *Il compagno*.

143 Influirono sul cambiamento di linea il fatto che il PCUS, dopo la destituzione di Krusciov e il PCI, dopo la morte di Togliatti, non avessero modificato la loro linea, ritenuta *revisionista*; influirono anche i bombardamenti americani in Vietnam, l'inizio della *rivoluzione culturale* in Cina, la nascita della Federazione m-l d'Italia.

144 Erano presenti nel PCd'I (m-l) elementi di hoxhaismo, cioè della dottrina che prendeva nome dal leader albanese Enver Hoxha (1908-1985), totalmente stalinista e fortemente ostile ad ogni revisionismo, specialmente dopo la rottura (1978) tra il Partito Comunista Cinese e il Partito del Lavoro d'Albania.

145 Fosco Dinucci (1921-1993) ex comandante partigiano ed ex dirigente del PCI, fu uno dei promotori del Movimento m-l italiano. Fu segretario del PCd'I (m-l) dal 15-10-1966 al 15-9-1991, quando il partito, al suo VI Congresso, si sciolse, per confluire in Rifondazione Comunista. Con Dinucci, nella segreteria erano Livio Risaliti e Osvaldo Pesce; Enzo Misefari era il

Simbolo del PCd'I (m-I)

Il nuovo partito decise di strutturarsi in cellule e federazioni, regolate secondo i criteri del *centralismo democratico*.

Il 4 dicembre 1966 si svolse a Roma il congresso di fondazione dell'"Unione della gioventù comunista d'Italia marxista-leninista" (UGC (M-L)[146].

Il riconoscimento ottenuto dal Partito Comunista Cinese e dal Partito del Lavoro Albanese, diedero prestigio al PCd'I (m-I) e ciò invogliò molti giovani ad ingrossare le sue file[147].

Ma l'espansione del partito si esaurì rapidamente a causa di contrapposizioni e rivalità, che emersero al congresso straordinario di Rovello Porro (CO) del novembre1968, convocato dalla cosiddetta *linea rossa*[148], che accusava i rivali della *linea nera*[149]di ostacolare la costruzione del partito di massa; i quali ultimi, a loro volta, consideravano i loro antagonisti di essere su posizioni revisioniste, accusa gravissima nell'ambiente.

Dopo l'inevitabile scissione, il 10 dicembre1968 uscirono due *Nuova Unità*, ambedue come organi del PCd'I (m-I)[150].

---

direttore di *Nuova Unità*. Nell'estate del 1968 Dinucci e Pesce furono ricevuti da Mao Tse Tung e da Ciu en lai.

146 Segretario fu eletto Antonello Obino. Gli succederanno Assunta Bonaiuto (1973), Angelo Bilia (1977) e Sabino Lafasciano (1981). L'UGC (M-L) ebbe come organo il periodico *Guardia Rossa*; dal 1970 *Gioventù Comunista*; dal 1981 *È ora*; dal 1985 al 1991 *Diritto al futuro*.

147 Significativa l'adesione di una parte del gruppo trotskista di Falce e Martello, che si dissolse. L'altra parte, guidata da Aldo Brandirali, fonderà l'**Unione dei Comunisti italiani (m-I)**.

148 Enzo Misefari, Angiolo Gracci, Alberto Sartori, Dino Dini, Valter Peruzzi, ecc.

149 Fosco Dinucci, Piero Scavo e Livio Risaliti.

150 Il giornale della *linea rossa* era diretto da Angiolo Gracci e quello della *linea nera* diretto da Fosco Dinucci.

Il braccio di ferro che ne derivò si concluse con la prevalenza della *linea nera* (ma gli interessati non sopportavano di essere così denominati), che manterrà *Nuova Unità* e le relazioni con i cinesi e con gli albanesi[151]. Il 15 settembre 1991 confluirà nel Movimento per la Rifondazione Comunista

Seguirono altre scissioni: nel 1969 nacque a Milano l'**Organizzazione dei Comunisti Italiani (m-l) (OCI)**, fondata da Claudio Castellani, con organo di stampa *La Voce rivoluzionaria*. Si dissolverà dopo meno di un anno. Un gruppo la trasformerà in un centro-studi.

Seguì un gruppo di Napoli, guidato dal fisico Gustavo Herman (1927-1989), che fondò il **Partito Comunista d'Italia (m-l) – Lotta di lunga durata,** che nel 1972 confluirà nell'**Organizzazione Comunista m-l – Fronte unito.**

Quest'ultima, il 28 gennaio 1973, assumerà un respiro nazionale col convegno di fusione, presenti circa 700 delegati, col **Circolo Lenin** (Puglia), l'**Organizzazione Popolare del Belice** e il **Nucleo Comunista (m-l)** di Salerno. La nuova OC (m-l) Fronte Unito intendeva farsi promotrice di ulteriori fusioni per creare un partito stabilmente radicato nelle masse. La sua azione si basava su alcuni punti fondamentali: la dittatura del proletariato, la lotta di classe, da continuare anche durante la costruzione del socialismo, l'internazionalismo proletario, la condivisione del principio della *costruzione del socialismo in un solo paese* e quindi il giudizio positivo sull'opera e il pensiero di Stalin.

Nel 1977 l'OC (m-l) confluì nel **Movimento Lavoratori per il Socialismo (MLS)**[152].

---

151 La *linea rossa* continuò a chiamarsi PCd'I (m-l)- Linea Rossa e, dopo qualche mese, pubblicò la rivista *Il Partito*.

152 Il MLS fu fondato il 1° febbraio 1976 come diretta emanazione del Movimento Studentesco del '68. Segretari ne furono Salvatore Toscano e Luca Cafiero. Esso pubblicò il settimanale *Fronte Popolare* e il quotidiano *La Sinistra*. Nel 1981 confluì nel PdUP p.i.c. di Lucio Magri.

Un gruppo di Firenze, guidato da Giovanni Scuderi[153], fondò (1969) l'**Organizzazione Comunista Bolscevica Italiana Marxista-Leninista (OCBI m-l)**[154], che stampava *Il Bolscevico*; seguirà (1970) l'**Organizzazione comunista d'Italia (m-l)**, con il giornale *Linea proletaria*, fondata da Osvaldo Pesce (n. 1938).

Nel 1979 uscì un gruppo che pubblicava il quotidiano *Ottobre* e nel 1980 il gruppo filo-albanese **Organizzazione per il Partito Comunista del proletariato d'Italia (La nostra lotta)**, diretto da Ubaldo Buttafava.

Il 15 settembre 1991, in occasione del suo VI congresso (straordinario), il PCd'I (m-l) deliberò di sciogliersi e di confluire nel Movimento per la Rifondazione Comunista, al fine di contribuire a creare in Italia un unico partito comunista, basato sul marxismo-leninismo.

Le due principali organizzazioni di cui abbiamo finora parlato, e cioè la Federazione dei comunisti (m-l) d'Italia e il PCd'I (m-l) si richiamavano entrambe al PCdI del 1921 ed alla III Internazionale, ed entrambe criticavano la svolta impressa da Togliatti al PCI, basata sulla *via italiana al socialismo* e sulla dottrina del *policentrismo*.

Ma la Federazione, prendendo spunto dal fatto che quasi tutti gli aderenti del partito rivale provenivano dal PCI, criticava il PCdI (m-l) per il suo *burocraticismo* e per il suo appiattimento organizzativo al PCI precedente il XX Congresso, di cui appariva la copia, caratterizzata da servilismo.

Viceversa Il PCd'I (m-l), basandosi sul fatto che molti militanti della Federazione erano studenti e che nelle sue file scarseggiavano gli operai, ne criticava la presenza nella Federazione, accusata di *frazionismo*.

Insomma: una lotta di classe...in famiglia!

---

153 Giovanni Scuderi (n. 1935), dopo una militanza nella sinistra democristiana, nel 1967 aderì alla Federazione dei Comunisti (m-l) d'Italia e nel 1968 al PCd'I (m-l). Nel 1968 promosse la fondazione dell'Organizzazione Comunista Bolscevica Italiana (m-l), di cui divenne segretario, con organo il *Bolscevico*, di cui fu direttore politico.

154 Nel 1977 l'OCBI m-l si trasformò in **Partito Marxista-Leninista Italiano (PMLI)**, con segretario Giovanni Scuderi. Vedi più sotto.

***

Il 4 novembre 1970, su impulso di Enzo Calò[155], Angelo Caria[156] e Gian Piero Cerichelli, si tenne il congresso costitutivo di **STELLA ROSSA Fronte Rivoluzionario Marxista Leninista**[157], che dichiarava di essere – come recitava l'art. 1 dello Statuto – *l'organizzazione d'avanguardia e di lotta degli operai, contadini, intellettuali e lavoratori rivoluzionari. Il suo scopo è rovesciare il potere politico della borghesia, far trionfare la Rivoluzione Socialista e la Dittatura del Proletariato anche in Italia e l'Internazionalismo Proletario nel mondo.*
Il partito, organizzato con una rigida disciplina, nel 1976 si trasformò in **Partito della Rivoluzione Socialista.**

All'inizio degli anni '70, attorno alla rivista *Viva il Comunismo* si costituì il **Comitato comunisti romani marxisti-leninisti**. Il gruppo di *Viva il comunismo* nel 1974 si fuse col gruppo **Il comunista**, dando vita all'**Organizzazione marxista-leninista Avanguardia Comunista,** con organi il settimanale *Avanguardia Comunista* e la rivista ideologica *Ideologie*.
Il movimento di Avanguardia Comunista nel 1976 confluì nel Movimento Lavoratori per il Socialismo (MLS), che nel 1981 confluì nel PdUP p.i.c. di Lucio Magri, il quale ultimo il 30 novembre 1984 confluì nel PCI.

---

155 Enzo Calò, direttore del settimanale *Stella Rossa*, proveniva dal PCI ed era stato uno dei fondatori della rivista *Viva il leninismo* e poi membro della Lega dei marxisti-leninisti.

156 Angelo Caria (1947-1996), insegnante di lettere, in seguito divenne uno dei protagonisti dell'indipendentismo sardo. Fu anche autore di una raccolta di liriche intitolata *Poesie*.

157 *Stella Rossa* era il preesistente settimanale marxista-leninista fondato e diretto da Enzo Calò, divenuto organo del Fronte Rivoluzionario Marxista Leninista e poi recante il sottotitolo *giornale degli operai e dei contadini*. Cessò le pubblicazioni nel 1981.

***

Il 4 ottobre 1968, attorno alla nuova testata maoista *Servire il popolo*[158] si costituì l'**Unione dei Comunisti Italiani (Marxisti-Leninisti),** brevemente **UCI (m-l).** Era essa il frutto della convergenza di elementi di varia provenienza, come Aldo Brandirali[159], che ne diventerà il leader, altri provenienti dal gruppo milanese di "FalceMartello", ex trotskisti passati al marxismo-leninismo, Enzo Lo Giudice[160], ex PSIUP, e alcuni militanti del Movimento Studentesco romano.

Simbolo del Partito Comunista (Marxista-Leninista) Italiano

L'UCI (m-l), che si candidava ad autentico interprete del maoismo e si considerava partito d'avanguardia delle masse popolari, si caratterizzò subito come movimento stalinista maoista e fortemente antirevisionista.

Al suo interno vigeva una disciplina alquanto rigida. Essa disponeva di un'organizzazione giovanile, la "Lega della gioventù comunista" e di una femminile.

Il 15 aprile del 1972 l'UCI(m-l) si trasformò in **Partito Comunista (Marxista-Leninista) Italiano,** con segretario Aldo Brandirali, e si presentò alle elezioni politiche di quell'anno, ma con risultati insignificanti[161].

---

158 *Servire il popolo* dalla primavera del 1969 divenne quindicinale e dal successivo autunno settimanale. Quando cessò le pubblicazioni (30 gennaio 1975) fu sostituito da *La Voce Operaia*, con periodicità irregolare.

159 Aldo Brandirali (n. 1941), figlio di un partigiano comunista, nel 1962 entrò nella segreteria nazionale della FGCI, da cui uscì nel 1967 per costituire il gruppo FalceMartello. Nel 1968 fu tra i fondatori dell'UCI (m-l), di cui divenne segretario). Era direttore del periodico *Servire il popolo* (slogan maoista).

160 Enzo Lo Giudice (1934-2014) inizialmente aveva aderito al PSI e poi era passato al PSIUP. Diverrà un noto avvocato (sarà anche difensore di Bettino Craxi).

161 Alla Camera 86.038 voti, pari allo 0,26 %.

Dopodiché l'apparente compattezza del partito si sgretolò e Brandirali, già capo carismatico se ne allontanò[162]. La segreteria passò quindi allo scrittore Francesco Leonetti (n.1924).

Il PC (m-l)I, già molto indebolito da piccole scissioni, si sciolse nel 1978.

***

Nel 1967 una pattuglia di militanti marxisti-leninisti[163], delusa dal "revisionismo" di stampo togliattiano del PCI, decise di aderire al PCd'I (m-l), ma ne uscì altrettanto delusa. Il 14 dicembre 1969 fondò perciò l'**Organizzazione Comunista Bolscevica Italiana marxista-leninista (OCBI m-l)**[164]. Sulla base di tale movimento fu successivamente deciso di fondare un nuovo partito comunista antirevisionista[165] che, come recita il suo Statuto, *per fondamento teorico, composizione di classe, struttura organizzativa e linea politica, non aveva precedenti nella storia del movimento operaio italiano.*

Il 9 aprile 1977, col congresso costitutivo di Firenze, nacque dunque il **Partito Marxista-Leninista Italiano (PMLI)**. Il Congresso approvò lo Statuto e il programma, e all'unanimità acclamò segretario generale Giovanni Scuderi[166].

---

162 Aldo Brandirali lasciò il partito nel 1975. Dopo alcuni anni si convertì al cattolicesimo. Nel 1992 aderì alla DC. Passò poi a Forza Italia e al Popolo delle Libertà, per i quali fu assessore a Milano.

163 Giovanni Scuderi, Mino Pasca, Nerina (intesa "Lucia") Paoletti, Patrizia Pierattini.

164 Vedi sopra. Nel 1970 venne riconosciuta dal Partito Comunista Cinese.

165 Revisionista è ritenuta la linea di Krusciov, Breznev, Andropov, Cernenko e Gorbaciov in URSS e di Deng Xiaoping, definito *revisionista e fascista*, in Cina. Il PMLI considera individualiste le figure di Fidel Castro e del Che Guevara. Non ne escono bene nemmeno gli italiani Bordiga, Gramsci, Togliatti, Longo, Berlinguer. Apprezzata, invece, la figura di Ho Chi Minh.

166 Giovanni Scuderi (n. 1935) dal 1959 al 1964 militò nella sinistra democristiana. Nel 1967 entrò nella Federazione dei comunisti marxisti-

Simbolo del PMLI

Il PMLI ha come scopo essenziale la realizzazione del comunismo, ma ne rifiuta l'interpretazione trotskista, considerata "deviazione borghese e anticomunista". Esso si ritiene, dice ancora lo Statuto, *l'avanguardia cosciente e organizzata del proletariato italiano, il Partito politico della classe operaia, che dirige le lotte immediate e parziali e quelle generali e a lungo termine dell'intera classe e delle larghe masse popolari italiane e guida la rivoluzione socialista alla completa vittoria. Il Partito ha quale base teorica il marxismo-leninismo-pensiero di Mao che presiede al suo orientamento ideologico, politico, organizzativo e pratico.* Organo del partito è il settimanale *Il Bolscevico*[167]

Da sempre vicinissimo alla Cina, si allontanò da essa dopo la morte di Mao (1976), quando cioè, secondo il PMLI, iniziò il processo revisionistico, con la leadership di Deng Xiaoping (1904-1997), che porterà la Cina a diventare *una nera dittatura capitalista e fascista.*

Benché il PMLI si proclami *inedito e radicalmente diverso* da tutti quelli che dicono di rifarsi al comunismo e alla classe operaia, ha dovuto registrare, come è appunto accaduto ad altri raggruppamenti analoghi, il fatto oggettivo, che, almeno finora, i risultati sono stati *inferiori rispetto agli sforzi compiuti e alle necessità della lotta di classe.*

Ciononostante il PMLI, mantenendo intatta la sua fede nel "marxismo-leninismo-pensiero di Mao", ritiene di poter combattere con successo la

---

leninisti d'Italia, per poi passare al PCd'I (m-l), di cui divenne segretario provinciale di Firenze. Entrato in conflitto politico coi dirigenti del partito, sia della "linea rossa" che della "linea nera", nel 1969 fondò l'OCBI m-l, di cui divenne segretario e primo direttore del giornale del partito *Il Bolscevico*. Quando (1977) l'OCBI m-l si trasformò in PMLI, Scuderi ne fu eletto segretario. Nel 1998 tributò un omaggio al dittatore cambogiano Pol Pot (1925-1998), in occasione della sua scomparsa.

167 Il 18 settembre 2013 ha sospeso l'edizione cartacea, continuando ad uscire in forma digitale.

classe dominante borghese e di poter abbattere, un giorno, *il capitalismo, conquistare il potere politico e realizzare il socialismo*.

Altri

Una delle eresie che più ha agitato il (supposto) monolitismo del mondo comunista è stato il "titismo" (o "titoismo"). Inizialmente il termine stava ad indicare la scelta di Tito, che aveva condotto vittoriosamente la resistenza comunista jugoslava all'occupazione nazi-fascista, in favore della cosiddetta *via jugoslava al socialismo* e dell'ideologia dell'*autogestione*. Si trattava dunque di una politica che operava indipendentemente dalle Risoluzioni del Cominform[168] del 1948 e quindi, in ultima analisi, dalle politiche dell'URSS e dalla volontà di Stalin.

L'inevitabile scomunica del Cominform (26-6-1948) colorì di un significato negativo il termine "titismo", considerato da Mosca un'eresia dell'ortodossia marxista-leninista.

Da allora non mancarono le strampalate accuse, per i capi jugoslavi, di trotskismo e perfino di fascismo, anche se Tito, pur considerato dagli stalinisti alla stregua di un agente segreto dell'imperialismo occidentale, non rinunciò mai all'ideologia comunista[169].

Le aspirazioni indipendentistiche rispetto all'URSS trovarono riscontri anche all'estero, nei paesi comunisti dell'Est europeo, ma i vari fautori, immancabilmente accusati di "titoismo", furono inesorabilmente troncati.

---

168 Il Cominform, voluto da Stalin, era l' "Ufficio di informazione dei partiti comunisti e laburisti", fondato nel 1947, con sede dapprima a Belgrado e poi a Bucarest. Il suo scopo era lo scambio di informazioni tra i partiti membri. Ne facevano parte tutti i partiti al potere in Europa e due non al potere: il PCF e il PCI.

169 La Jugoslavia, però, sarà l'unico Paese comunista europeo a non far parte né del Comecon ("Consiglio di mutua assistenza economica", fondato nel 1949 e sciolto nel 1991) né del Patto di Varsavia (alleanza militare fra i Paesi del blocco sovietico, fondata nel 1955 e sciolta nel 1991).

Basti ricordare i processi Rajk[170] (Ungheria), Slànsky[171] e Clementis[172] (Cecoslovacchia), Kostov[173] (Bulgaria), Xoxe[174] (Albania), l'allontanamento di Gomulka[175] (Polonia) sempre con l'accusa di nazionalismo e di congiura trotskista-titoista.

In Italia ci furono solo provvedimenti disciplinari contro singoli, come ad esempio l'espulsione dal PCI, nel 1951, di Guelfo Zaccaria[176], appunto per "titoismo".

---

170 Làszlò Rajk (1909-1949), comunista ungherese, partecipò alla guerra di Spagna e alla resistenza ungherese contro il regime fascistoide di Miklos Horthy (1868-1957). Nel dopoguerra fu ministro degli interni del governo comunista ungherese. Accusato di complotto con gli USA e di titoismo, fu condannato ed impiccato. Sette anni dopo fu riabilitato.

171 Rudolf Slànsky (1901-1952) , esponente comunista cecoslovacco di primo piano, fu uno degli animatori dell'insurrezione nazionale slovacca del 1944 contro gli occupanti nazisti e il governo collaborazionista di monsignor Tiso (1887-1947). Nel novembre del 1951 fu arrestato, accusato di alto tradimento e impiccato. Fu riabilitato nel 1963.

172 Vladimir Clementis (1902-1952), comunista cecoslovacco, fu contrario al patto Molotov-Von Ribbentrop del 1939 ed espulso dal partito. Riammesso nel 1945, divenne ministro degli Esteri del governo comunista cecoslovacco. Accusato di tradimento, fu impiccato. Nel 1963 fu riabilitato.

173 Trajčo Kostov (1897-1949), comunista bulgaro, fu primo ministro del governo comunista bulgaro. Accusato di titoismo, fu giustiziato il 16 gennaio 1949. Fu riabilitato nel 1956.

174 Koci Xoxe (1911-1949), leader della corrente filojugoslava del Partito Albanese del Lavoro (comunista), fu ministro della Difesa e degli Interni. Accusato di congiura trotskista e titoista fu processato nel maggio-giugno 1949 e giustiziato.

175 Wladislaw Gomulka (1905-1982), comunista polacco di primo piano, nel 1948 fu destituito dalla carica di segretario generale del partito comunista, con l'accusa di *deviazionismo nazionalista di destra* e poi arrestato. Nel 1956 fu riabilitato e riportato al vertice del partito.

176 Guelfo Zaccaria, ex partigiano comunista in Jugoslavia, nel 1951 fu espulso dal PCI per titoismo, divenne poi giornalista socialdemocratico. Ha scritto il libro *A Mosca senza ritorno – Duecento comunisti italiani fra le vittime dello*

Il caso più consistente fu forse quello dei due deputati comunisti reggiani Aldo Cucchi e Valdo Magnani, ambedue valorosi partigiani decorati, definiti *magnacucchi*, considerati *provocatori titisti pilotati dalla cricca di Belgrado capeggiata da Tito*.

I due si dimisero dal PCI il 25 gennaio 1951, dal quale furono poi espulsi per le loro posizioni critiche sui legami tra PCI e URSS e sulla democrazia interna del PCI. Nel maggio 1951, assieme ad altri, diedero vita al Movimento Lavoratori Italiani (MLI).

Il 28 e 29 marzo 1953 si svolse a Milano un congresso di fusione tra l'MLI e vari gruppi socialisti provenienti dal PSI, dal PSDI e dal PSU, da cui scaturì Unione Socialisti Indipendenti (USI)[177].

***

Un'insolita contaminazione può invece considerarsi il connubio tra comunismo e anarchismo, come è accaduto in qualche caso.

Il **Movimento della Sinistra Comunista (MSC)** nacque dall'incontro tra il gruppo di Azione Comunista (AC) e la Federazione Comunista Libertaria (FCL).

Azione Comunista era inizialmente un movimento di opposizione interna al PCI, nato a metà degli anni '50; esso, insoddisfatto della guida togliattiana[178], auspicava un ritorno del PCI *ai motivi ideologici e politici che alla sua nascita lo differenziarono dai socialriformisti*

Dal 21 giugno 1956, con l'uscita del primo numero del periodico omonimo, il gruppo, che già aveva assunto caratteri di accentuata

---

stalinismo.

177 Successivamente Cucchi (1911-1983), con un suo gruppo, aderì al PSDI. L'USI come tale, e con essa Valdo Magnani (1912-1982), il 3 febbraio 1957 deliberò la sua confluenza nel PSI. Valdo Magnani nel 1963 rientrò nel PCI.

178 Il gruppo nacque con una lettera del dicembre 1954, distribuita ai delegati alla IV Conferenza Nazionale del PCI, che si sarebbe tenuta a Roma nel gennaio 1955, per iniziativa di due iscritti: Luciano Raimondi e Giulio Seniga. Ne seguiranno altre quattro.

autonomia, si dotò di un proprio organo di stampa, il che comportò l'espulsione (luglio 1956) dei due responsabili[179]. Si sviluppò così una critica costante contro quello che era considerato l'*opportunismo* della dirigenza e dell'apparato comunisti. Fu giudicato negativamente il *rapporto Krusciov*, in quanto scaricava sul solo Stalin le responsabilità, che erano invece dell'intero gruppo dirigente sovietico; furono appoggiati gli scioperi in Polonia e la rivolta ungherese; si cercò un'intesa con altri gruppi rivoluzionari.

Alla fine si arrivò alla fusione tra AC e la FCL.

La **Federazione Comunista Libertaria (FCL)** era sorta per iniziativa di due ex partigiani, Arrigo Cervetto[180] e Lorenzo Parodi[181], entrati nelle file dell'anarchismo genovese. Nel 1951, d'intesa col giovane Pier Carlo Masini[182], essi crearono poi i Gruppi Anarchici di Azione Proletaria (GAAP)[183], allo scopo di superare l'individualismo dell'anarchismo tradizionale. All'interno dei GAAP i due ex partigiani tentarono la contaminazione tra il pensiero marxista di Lenin e Bordiga con quello anarchico.

Fallito il tentativo di unificare l'intera estrema sinistra italiana, i GAAP, divenuti Federazione Comunista Libertaria (FCL), con Cervetto e Parodi, si unificarono poi con Azione Comunista, dando così vita (1957) al

---

179 Il primo numero della rivista fu firmato da Bruno Fortichiari (1892-1981), direttore, uno dei fondatori, nel 1921 del PCdI, e da Luciano Raimondi (1916-1965), professore di Filosofia e ufficiale partigiano.

180 Arrigo Cervetto (1927-1965), partigiano decorato e operaio autodidatta, fu fondatore, con Parodi, di Lotta Comunista.

181 Lorenzo Parodi (1926-2011), sindacalista e libertario, fu fondatore, con Cervetto, nel 1965, di Lotta Comunista e direttore dell'omonimo giornale fino alla morte.

182 Pier Carlo Masini (1923-1998), antifascista confinato, giornalista e storico, fu un socialista libertario, che dall'anarchismo approderà al socialismo democratico, con l'adesione al PSI (1959) e poi al PSU/PSDI (1969).

183 Nel corso della Conferenza di Pontedera del 24–25 febbraio 1951.

Movimento della Sinistra Comunista (MSC)[184], che conservò come organo di stampa *Azione Comunista*.

Nel comunicato che informava della nascita del MSC si sottolineava l'impegno per la costituzione di un partito di classe e per la costruzione della società socialista in Italia. Tuttavia, nel corso dei vari convegni e negli interventi sul bollettino interno del movimento, cominciarono ad emergere divergenze tra coloro che privilegiavano la forma organizzativa di "movimento", come la più adatta ad allargare l'influenza del MSC e quella di Cervetto e Parodi, favorevoli alla creazione di un vero e proprio partito politico, avente a modello quello bolscevico[185]. Il contrasto diventerà insanabile al terzo Convegno (15-12-1963), dove emersero grandi divergenze organizzative. Nel luglio 1965 il gruppo genovese di Cervetto e Parodi si staccò dal MSC e successivamente diede vita a Lotta Comunista (LC).

Il giornale *Azione Comunista*, rimasto al "gruppo milanese", poco dopo cesserà le pubblicazioni.

***

Il gruppo genovese, guidato da Cervetto e Parodi, passato dall'iniziale anarchismo al leninismo integrale, con l'apporto dell'ex deputato bordighista Bruno Fortichiari, nel 1965, diede dunque vita ad una nuova organizzazione politica, ufficialmente denominata **Gruppi Leninisti della Sinistra Comunista**, ma meglio conosciuta, come **Lotta Comunista (LC)**, nome anche dell'organo del partito, il cui primo numero apparve il 7 dicembre 1965.

Si trattava di un partito rivoluzionario ed internazionalista, extraparlamentare, in cui, accanto all'ideologia fondamentale, che era quella del leninismo, convivevano elementi di bordighismo, come ad

---

184 Tra il 1958 e il 1959 ne furono espulsi Masini e Seniga.

185 La FCL, a causa del sua scelta leninista, sarà espulsa dalla FAI (Federazione Anarchica Italiana).

esempio il cosiddetto *astensionismo strategico*[186] alle elezioni o anche lo scarso interesse per i movimenti di liberazione e la predilezione per la "formazione dei quadri".

La monolitica organizzazione, ormai lontana dal vecchio anarchismo dei fondatori, venne travolta dall'ondata del '68, che comportò la perdita di molti militanti e una forte rivalità con i gruppi maoisti, fautori dell'opera di Stalin, che invece LC condannava, come traditore della rivoluzione, creatore del "capitalismo di Stato"[187] e repressore dei bolscevichi critici della sua politica.

Una notevole ripresa dell'attivismo di Lotta Comunista si avrà a partire dalla metà degli anni '70[188].

Lotta Comunista è ostile a ogni forma di lotta armata, privilegiando invece il radicamento organizzativo nelle fabbriche e nelle università. Confida, inoltre, che una delle crisi cicliche prodotte dal sistema capitalistico, che comportano conflitti armati per la conquista dei mercati, potrà creare le condizioni favorevoli per dare ai comunisti l'opportunità di attuare la rivoluzione proletaria[189].

---

186 A differenza dell'*astensionismo tattico* di Lenin, in base a quale il partito decide di volta in volta se partecipare o meno alle elezioni, secondo gli obiettivi che si propone, l'*astensionismo strategico* di LC considera inutile e dannosa, perché diseducativa, la partecipazione alle elezioni, in quanto crea l'illusione di poter cogestire il potere assieme agli avversari di classe.

187 LC respinge decisamente l'idea che in URSS o nei Paesi satelliti si sia mai realizzata alcuna forma di comunismo, in quanto la classe politica dei burocrati, che in essi si era formata controllava e dirigeva appunto un "capitalismo di Stato".

188 Il giornale *Lotta Comunista*, spesso venduto porta a porta dagli attivisti del partito, diffonde circa 40.000 copie al mese. Al giornale è collegata un'intensa attività editoriale realizzata con le *Edizioni Lotta Comunista*, che pubblicano soprattutto opere classiche marxiste e scritti dei principali leader.

189 Nel 2003 si staccò da LC un gruppo di militanti riunitosi attorno alla rivista *Pagine Marxiste*.

***

Da un convegno tenutosi a Viareggio il 21 e 22 novembre1992, con la partecipazione di vari comunisti di diversa scuola e provenienza, scaturì la volontà di fondare i **Comitati di appoggio alla Resistenza per il Comunismo (CARC)**[190], con il progetto di fondare un nuovo partito comunista italiano, che potesse assumere la guida del proletariato[191].

Nel 2009 i CARC si trasformarono in partito, assumendo la denominazione definitiva di **Partito dei Comitati di Appoggio alla Resistenza per il Comunismo (P.CARC).**

Partito dei Comitati di Appoggio alla Resistenza per il Comunismo (P.CARC)

Dal 1994 al 1999 i CARC hanno avuto, come organo di stampa, il periodico *Resistenza*.

In passato essi erano collegati con la Casa Editrice *Rapporti Sociali*, che pubblicava saggi storici e biografie di esponenti del pensiero marxista.

Nel congresso del 2012 il P.CARC ha riconfermato il suo impegno di battersi per una società socialista, da costruire *attraverso il sostegno ai movimenti* e mediante un Governo di Blocco Popolare, per contrastare la crisi.

***

Il 13 settembre 1998, dalla confluenza di alcuni piccoli raggruppamenti comunisti, fu fondato a Bologna il movimento **Rete dei Comunisti (RdC)**,

---

190 Primo segretario l'ingegnere e pubblicista Giuseppe Maj (n. 1939). Successivamente Pietro Vangeli.

191 Nel 1997 i CARC subirono la scissione di un gruppo che fondò **LineaRossa per la ricostruzione del comunismo italiano**.

il quale si riteneva impegnato a *ricostruire un'ipotesi politica e strategica* per i comunisti, partendo dalla constatazione che *l'implosione...delle principali formazioni politiche derivanti dalla vecchia storia del PCI e da quella extraparlamentare o della "nuova sinistra", rende più che mai urgente la definizione e la messa a punto di una prospettiva strategica che non può fare a meno della ricostruzione storica di quest'originale esperienza politica del movimento di classe e del marxismo italiano.*

Organo di stampa della RdC è il quotidiano online *Contropiano*.

L'attività del movimento si concretizza essenzialmente in ricerche e approfondimenti della teoria marxista e delle questioni internazionali, con il sussidio della rivista *Nuestra America*, specializzata nelle tematiche sudamericane, e delle pubblicazioni della collana *I quaderni di Contropiano*. I militanti sono impegnati nei sindacati di base come l'USB (Unione Sindacale di Base) e in organizzazioni di solidarietà internazionalista, antimilitariste, culturali e di informazione.

Le sue tre Assemblee Nazionali, tutte tenute a Roma hanno affrontato tematiche inerenti alle finalità del movimento:

1a (23/3/2002): *Se non ora, quando? La necessità dell'alternativa sociale.*

2a (10-11/3/2007): *L'attualità dell'opzione comunista in Italia.*

3° (2-3/4/2011): *Ben scavato vecchia talpa! Dalla crisi di civiltà del capitalismo una nuova opportunità per i comunisti.*

***

Il **Partito Comunista Italiano Marxista-Leninista (PCI M-L)**, recita il preambolo del suo Statuto, è *l'organizzazione politica d'avanguardia della classe operaia e di tutti i lavoratori, i quali, nello spirito della gloriosa Rivoluzione d'Ottobre, della Resistenza e dell'internazionalismo proletario e nella realtà della lotta di classe, lottano per l'indipendenza e la libertà del paese, per l'eliminazione dello sfruttamento dell'uomo sull'uomo e per la costruzione del socialismo in Italia e nel mondo intero.* Nella sua attività esso si ispira *alla teoria del marxismo-leninismo ovvero al pensiero e all'opera immortali di Marx, Engels, Lenin e Stalin.*

Simbolo del Partito
Comunista Italiano
Marxista – Leninista

La fondazione del PCI M-L, avvenuta il 3 dicembre 1999, è strettamente legata alla vita e all'opera di Domenico Savio[192], attuale segretario generale del partito. Savio aveva fondato, il 7 maggio 1979, il Centro di Cultura e Iniziativa Marxista, il 26 settembre 1984 il mensile *l'Uguaglianza economica e sociale*[193], il 7 aprile 1995 il periodico *Comunismo* e, il 16 maggio 1997, assieme ad altri, il "Centro Studi e d'Azione del Marxismo-Leninismo". (C:E:S:A:M-L.). La conclusione di questa intensa attività politico-culturale non poteva che essere la costituzione di uno strumento partitico organizzato: per l'appunto il PCI M-L [194].

***

Il **Partito Marxista-Leninista dell'Unione Comunista (PM-LUC)**, sorse nel 2006. Esso è il partito guida dell'Unione Comunista, la quale *è una Repubblica Socialista Sovietica Virtuale, ispirata al modello di stato marxista-leninista. Unione Comunista è un cyberstato italofono democratico e pacifico, costituito da Cittadini e Cittadine liberamente consociati per il godimento della giustizia sociale, del benessere*

---

192 Domenico Savio (n. 1940), ragioniere, consulente del lavoro, giornalista e segretario d'albergo, a 13 anni si iscrisse alla FGCI di Ischia e a 18 al PCI, in cui ricoprì la carica di segretario di sezione, consigliere comunale di Forio e delegato a vari congressi, sostenendo sempre posizioni marxiste- leniniste, contrarie a ogni forma di revisionismo e di riformismo. Lasciò il PCI nel 1976 e la CGIL nel 1981, impegnandosi tuttavia nella diffusione della cultura marxista-leninista.

193 Il giornale cessò le pubblicazioni il 21 dicembre 1997.

194 Fra gli altri, parteciparono alla fondazione del PCI M-L Alfredo La Piccirella e Gennaro Savio.

collettivo, della solidarietà umana, situata nello spazio virtuale...La Repubblica è una comunità priva di Stato.

Il PM-LUC afferma di essere *l'avanguardia cosciente e organizzata del proletariato della Micronazione dell'Unione Comunista, perché la rivoluzione proletaria è una sfocata utopia senza un solido Partito, che segua scopi chiaramente definiti... Il PM-LUC altresì, nell'obiettivo primario che si è posto, ossia quello di mantenere in vita la Rivoluzione dell'Unione Comunista, prende ad esempio le realtà dello Stato socialista, come U.R.S.S. e come Cuba.* Inoltre esso *ripudia il revisionismo e la socialdemocrazia (definita dalla 3a Internazionale Comunista "socialfascismo") in quanto strenuo e ultimo baluardo del capitalismo e lasciapassare della borghesia per sabotare e boicottare il socialismo reale nonché teorico.*

Partito Marxista-Leninista dell'Unione Comunista (PM-LUC)

Il PM-LUC, visto che nel comunismo internazionale esistono diverse correnti di pensiero, le accetta anche al suo interno.

Il 24 gennaio 2007 venne alla luce il giornale ufficiale dell'Unione Comunista, la *Pravda*, che si occupa di *eventi sia reali che virtuali.*

L'Unione Comunista ha una propria Costituzione in cui si afferma che il potere è esercitato come *democrazia diretta esercitata dal popolo tutto, riunito nel Soviet.*

***

Nel febbraio 2008, dalla fusione tra la redazione della rivista *Teoria & Prassi* e il *Circolo Lenin* nacque il movimento **Piattaforma Comunista.**

Come si legge nella sua "Dichiarazione di principio", *il compito principale di Piattaforma Comunista è la lotta teorica e politica per la formazione nel nostro paese di un forte partito comunista, quale partito politico rivoluzionario e indipendente della classe operaia.*

Per raggiungere questo obiettivo, Piattaforma Comunista si propone di *dare impulso all'unificazione di tutti i sinceri comunisti e degli operai d'avanguardia, e delle organizzazioni, gruppi e circoli che si pongono coerentemente sulle posizioni rivoluzionarie del marxismo-leninismo, per il superamento della frammentazione e del localismo, nel quadro del lavoro di ricostruzione di un forte partito comunista.*

Conferenza Internazionale dei Partiti e delle Organizzazioni Marxisti/Leninisti (CIPOML)

Piattaforma Comunista assume come guida per la propria azione i principi ed i valori marxisti-leninisti che devono essere applicati nella realtà concreta: fa propria la concezione del mondo del materialismo dialettico e storico, così come definita e sviluppata da Marx, Engels, Lenin e Stalin, per la completa unità in campo ideologico ed il costante progresso della teoria d'avanguardia. Dà, inoltre, un notevole rilievo al pensiero e all'opera del *leader* comunista albanese Enver Hoxha e adotta il principio organizzativo del *centralismo democratico*.

Organi del movimento sono la rivista teorica *Teoria & Prassi* e il periodico *Scintilla*.

Piattaforma Comunista aderisce alla **Conferenza Internazionale dei Partiti e delle Organizzazioni Marxisti/Leninisti (CIPOMIL)**[195], fondata il 1°agosto 1994, che pubblica semestralmente *Unità e Lotta*.

***

---

195 Rete internazionale di partiti comunisti di ispirazione hoxhaista. L'hoxhaimo (marxismo-leninismo "antirevisionista") si è diffuso a partire dal 1978, in seguito alla rottura tra il Partito Comunista Cinese e il Partito del Lavoro di Albania.

Il 10 dicembre 2011 l'universo delle organizzazioni comuniste italiane si arricchì di una nuova stella, ovviamente con falce e martello. Si trattava di **Proletari Comunisti Italiani – P.C.I.**, che così annunciò la sua formazione: *Come simbolo la falce, il martello e la stella rossa, come ideale il comunismo e come obiettivo la ricostituzione del Partito Comunista Italiano: oggi a Roma è nata "PROLETARI COMUNISTI ITALIANI – P.C.I", una formazione politica che intende raccogliere il testimone di Iniziativa Comunista*[196].

Simbolo di Proletari Comunisti Italiani – P.C.I.

Dopo aver espresso insoddisfazione *per i soliti carrieristi settari e inconcludenti, gli intellettualini borghesi, i vecchi figuranti attaccati alla poltrona che ancora dominano la sinistra*, il comunicato così conclude: *la lotta per la ricostituzione del partito comunista italiano non si è mai fermata e continuerà ancora in Proletari Comunisti Italiani – P.C.I. In questa formazione politica i gruppi dirigenti saranno composti per il 90% da proletari e in maggioranza assoluta da operai in produzione. Ora Basta coi politicanti e con gli intellettuali!*

Obiettivo di fondo del movimento è la ricostituzione del PCI.

***

Si ha infine notizia, attraverso un Comunicato Stampa del 27 settembre 2014, di un costituendo **Partito di Unità Comunista – P.d.U.C.** L'iniziativa parte dalla constatazione che *la attuale presenza dei mille rivoli indotti dagli attuali Partiti Comunisti nel nostro Paese ha notevolmente indebolito la presenza comunista... dando un'impronta decisamente*

---

196 Norberto Natali, fondatore di Iniziativa Comunista, scioltasi nel 2008, è un militante di "Proletari Comunisti Italiani – P.C.I.".

opportunistica e non costruttiva in senso comunista, sfociando spesso in posizioni di comodo e addirittura filoimperialiste!

**Partito di Unità
Comunista – P.d.U.C.**

Il PdUC si proclama *Comunista, Anticapitalista, Antimperialista* e si colloca su posizioni antinazifasciste e internazionaliste.
Il comunicato è firmato dal "Comitscientoper" (Comitato Scientifico operativo) del PdUC.

IV. Lo scioglimento del PCI

Nel 1921 a Livorno era Turati che aveva ragione

(Umberto Terracini)

Mentre il segretario del PCI Achille Occhetto, validamente sostenuto da un gruppo emergente di giovani dirigenti, i cosiddetti "quarantenni"[197], si adoperava per aprire al PCI una nuova fase, caratterizzata dalla fine del *consociativismo*[198], dal riconoscimento del valore universale della democrazia, da varie aperture nei confronti dell'economia di mercato, il mondo del *socialismo reale* cominciava a liquefarsi di fronte all'inarrestabile spinta dei popoli dell'*impero sovietico*, anelanti alla democrazia e alla libertà.

Segno tangibile di questa disgregazione fu la *caduta del muro di Berlino*, nella notte fra il 9 e il 10 novembre 1989.Tale avvenimento coinvolgeva non solo la città tedesca, ma un intero mondo, così com'era stato costruito negli ultimi sessant'anni, coi suoi ideali, con le sue illusioni e con i suoi errori.

---

197 Massimo D'Alema, Walter Veltroni, Fabio Mussi, Antonio Bassolino, Gavino Angius, Piero Fassino, Livia Turco.

198 Il *consociativismo* italiano era stato una forma di tacito accordo che assegnava alle forze di governo (la DC essenzialmente) e a quelle dell'opposizione (il PCI in pratica) quote di potere, a livelli diversi, ovviamente nell'ambito di una *democrazia bloccata*, che rendeva impossibile ogni reale alternativa di governo, pur salvaguardando il sistema democratico. Occhetto tentò di spezzare questi equilibri con alcune iniziative, quale, ad esempio la costituzione (19 luglio 1989) di un "governo ombra", da lui presieduto, ispirato al modello inglese. La sua voleva essere una "sfida riformista", collegata ad una nuova politica dell'alternativa, nel quadro dell'unità a sinistra delle forze riformatrici.

La reazione del PCI, o almeno della sua parte più attenta a quanto stava accadendo nel mondo comunista, non si fece attendere.

Il 12 novembre, a Bologna, nel corso di una manifestazione rievocativa del 45° anniversario della battaglia partigiana della *Bolognina* (quartiere di Bologna), davanti ad un folto pubblico di ex partigiani e di militanti, il leader comunista, con un'iniziativa individuale, annunciò *grandi cambiamenti*, che avrebbero portato al superamento del PCI e alla costruzione di un nuovo soggetto politico. Non era escluso neanche il cambiamento del nome!

Su questa questione il dibattito era iniziato dai tempi di Berlinguer, a fronte delle prese di posizione autonome e ai "distinguo" del PCI nei confronti dell'esperienza sovietica: da più parti lo si invitava ad una maggiore sottolineatura di quel *nuovo corso* appunto col cambiamento del nome.

Erano richieste legittime, dal momento che l'aggettivo "comunista" non evocava più il *Manifesto* di Marx ed Engels, ma piuttosto le dittature esistenti allora in Europa orientale. Non bastava l'intenzione di avvicinarsi alle socialdemocrazie europee e all'Internazionale Socialista. Lo aveva fatto rilevare il leader socialista Craxi, parlando del *nuovo corso* comunista: *È lo sviluppo logico, dettato dall'esperienza della storia. È naturale. Ma per essere socialisti bisogna anche chiamarsi socialisti: i latini dicevano che i nomi sono conseguenza delle cose. Invece la risposta del PCI è stata assolutamente deludente: quel partito non sarà più una formazione dogmatica e chiusa, ma resta pur sempre incerto ed ambiguo, anche a causa di quel ripetere di voler restare comunque comunista.*

Occhetto invece apriva anche su questo tema, riservando, però, come vedremo, a proposito del nome, una nuova delusione agli osservatori esterni.

Le prime reazioni, nel PCI, alla solitaria uscita del segretario, che sarà conosciuta come *la svolta della Bolognina*, non furono entusiaste, a parte i suoi più stretti collaboratori[199] e la destra *migliorista*[200], erede di Amendola, ed ora guidata da Giorgio Napolitano, il futuro Presidente della Repubblica, e con la netta opposizione della sinistra cossuttiana[201].

La discussione[202], iniziata nella Segreteria del partito, proseguì nella Direzione e si concluse nel Comitato Centrale che, il 24 novembre, approvò[203] *la proposta del segretario di dar vita ad una fase costituente di una nuova formazione politica e di indire, entro quattro mesi, un congresso straordinario* per decidere se dar vita ad un nuovo partito. Fra coloro che si opposero alla svolta pesavano i nomi di Pietro Ingrao, Alessandro Natta (presidente del partito) e Aldo Tortorella[204].

Il XIX congresso del PCI si tenne a Bologna, dal 7 all'11 marzo 1990. In esso si confrontarono tre mozioni:

---

199 Massimo D'Alema, coordinatore della segreteria, e Fabio Mussi.

200 I *miglioristi*, eredi delle posizioni di Giorgio Amendola, rappresentavano l'ala destra del partito ed erano, appunto "propensi" ad un miglioramento riformista del capitalismo. Essi non condividevano la politica sovietica ed erano sostenitori del dialogo con il PSI e il PSDI. Loro leader era Giorgio Napolitano, futuro Presidente della Repubblica (2006-2015). Altri esponenti di spicco erano: Paolo Bufalini, Gerardo Chiaromonte, Napoleone Colajanni, Guido Fanti, Nilde Iotti (la prima donna a ricoprire la carica di Presidente della Camera, tra il 1979 e il 1992), Luciano Lama, Emanuele Macaluso, Antonello Trombadori.

201 L'estrema sinistra del PCI, avente come punto di riferimento Armando Cossutta. Il quale, nel 1981, quando Berlinguer aveva affermato che si era ormai esaurita la *spinta propulsiva* della *Rivoluzione d'Ottobre*, aveva definito tale affermazione *lo strappo*, perché non preceduta da discussioni interne. In quel caso Cossutta aveva chiesto un congresso straordinario.

202 Il dibattito sulla *svolta della Bolognina* fu anche detto *dibattito sulla Cosa*, cioè su che cosa, su quale tipo di partito, non conoscendosene ancora l'identità, avrebbe sostituito il PCI. Sull'argomento esiste un documentario del regista Nanni Moretti, intitolato appunto *La Cosa*.

203 La proposta fu approvata con 219 sì, 73 no e 34 astenuti.

204 Aldo Tortorella (n.1926), laureato in Filosofia, giornalista, ex partigiano e parlamentare per vent'anni, è stato un importante dirigente del PCI, in cui ebbe vari incarichi, fra cui quello di direttore de *l'Unità* (1970-1975).

- La prima, presentata da Occhetto, era intitolata *Dare vita alla fase costituente di una nuova formazione politica* e proponeva la costruzione di un nuovo partito, democratico e riformatore, aperto anche ad altre forze laiche e cattoliche, il quale guardasse all'Internazionale Socialista. Essa fu approvata dal 67 % dei delegati e comportò la conferma di Achille Occhetto a Segretario generale[205].
- la seconda mozione, *Per un vero rinnovamento del PCI e della sinistra*, sottoscritta da Pietro Ingrao e da altri[206], si opponeva alla modifica del nome e del simbolo e alla rottura della tradizione. Essa ottenne il 30 % dei consensi.
- La terza, presentata da Cossutta, *Per una democrazia socialista in Europa*, fortemente ortodossa rispetto al passato, ottenne solo il 3 % dei voti congressuali.

Si apriva così la "fase costituente", da cui sarebbe scaturita la nuova "Cosa". Essa si concluse con la celebrazione, a Rimini, del XX ed ultimo congresso del PCI, dal 31 gennaio al 3 febbraio1991.

Il dibattito, che ebbe anche momenti di intensa emozione[207], si imperniò sulle tre mozioni che erano state presentate:

- Quella di Occhetto[208], *Per il Partito Democratico della Sinistra*, che ottenne il 67,46 % ed elesse 848 delegati.
- Quella intermedia[209], *Per un moderno partito antagonista e riformatore*, che poteva contare su 72 delegati (5,76 %)

---

205 Aldo Tortorella fu eletto Presidente.

206 Angius, Castellina, Chiarante, Minucci e Tortorella.

207 È notoria la foto di Occhetto che piange, seduto al tavolo della presidenza del congresso.

208 Sostenuta, tra gli altri, da Massimo D'Alema, Walter Veltroni e Piero Fassino.

209 Era sostenuta da Antonio Bassolino, Alberto Asor Rosa, Adalberto Minucci e Mario Tronti.

- Una terza mozione[210], *Rifondazione Comunista*, contraria alla *svolta*, la quale sostanzialmente accorpava le precedenti correnti di Ingrao e di Cossutta, la quale ottenne il 26,77 % dei voti e 335 delegati.

Dunque il 3 febbraio 1991, dopo settant'anni di vita, il PCI deliberò il proprio scioglimento e, contestualmente, la costituzione del **Partito Democratico della Sinistra (PDS)**.

Dei delegati della terza mozione, una novantina[211] non aderì al nuovo partito e diede vita al **Movimento per la Rifondazione comunista**, per costituire un nuovo partito che mantenesse il nome e il simbolo del vecchio partito comunista; esso, infatti, il 15 dicembre successivo, darà vita, assieme ad altre forze politiche, al **Partito della Rifondazione Comunista (PRC)**[212].

La mozione vincitrice di Occhetto delineava i connotati del nuovo partito: la democrazia come via al socialismo, con la palese intenzione di aderire all'Internazionale Socialista; l'abbandono del modello centralistico di organizzazione, in favore di quello decentrato e autonomistico, che ammette le correnti di pensiero; l'apertura alle altre componenti dello scenario progressista: socialiste, democratiche, cristiano-democratiche, liberaldemocratiche, pacifiste, femministe, ecologiste; riconoscimento del mercato e della sua possibile funzione sociale; costruzione di una politica dell'alternativa e ricambio delle classi dirigenti.

Su un punto però il PCI/PDS non volle cedere: la questione del nome. Preferì rifarsi ad un generico democraticismo piuttosto che definirsi socialista. Mentre, di fatto cancellava gran parte della sua precedente azione politica, non volle formalmente ammettere di aver avuto torto nel fare la scissione del 1921, con tutto ciò che essa aveva comportato, non

---

210 Era sottoscritta dal cosiddetto *Fronte del no*: Gavino Angius, Luciana Castellina, Armando Cossutta, Sergio Garavini, Pietro Ingrao, Lucio Libertini, Lucio Magri, Alessandro Natta, Ersilia Salvato, Rino Serri, Aldo Tortorella.

211 Erano capeggiati da Armando Cossutta e Sergio Garavini.

212 Non vi aderirono i *continuisti*, che preferirono rimanere nel PDS. Fra essi, per il momento, l'ex Presidente della Camera Pietro Ingrao e il sindacalista Fausto Bertinotti.

volle dare l'impressione di voler rientrare nella casa che settant'anni prima aveva lasciato.

Solo Terracini, anni dopo, avrà il coraggio di ammettere: "Nel '21 aveva ragione Turati".

V. Il Partito Democratico della Sinistra

La politica non si fa coi sentimenti... figuriamoci coi risentimenti!

(Pietro Nenni)

La vita del nuovo partito cominciò con un piccolo "incidente" al congresso di Rimini: il 4 febbraio 1991 non si poté procedere all'elezione del segretario per mancanza del *quorum* necessario, a causa dell'assenza di 132 consiglieri.

Fu dunque il Consiglio Nazionale (erede del vecchio Comitato Centrale) dell'8 febbraio successivo ad eleggere Achille Occhetto (376 voti a favore e 127 contrari), che in tal modo divenne l'ultimo segretario del PCI e il primo del PDS. Simbolo del nuovo partito era una quercia, alla cui base stava il logo rimpicciolito del PCI.

Simbolo del Partito Democratico della Sinistra

Primo presidente venne eletto il noto costituzionalista Stefano Rodotà (1933-2017)[213].

La prima prova elettorale che il PDS dovette affrontare furono le elezioni politiche del 5-6 aprile 1992, in cui ottenne un risultato ritenuto deludente: il 16,11 % e 107 seggi alla Camera e il 17,05 % e 64 seggi al Senato.

Nel settembre dello stesso anno il PDS, che nella sua denominazione aveva accantonato

---

213 Nel 1993 gli succederà la senatrice Gigliola Tedesco Tatò (1926-2007).

ogni riferimento al socialismo[214], di cui nel 1921 il PCI si era proclamato il più genuino interprete, aderì all'Internazionale Socialista[215]. Due mesi dopo il PDS partecipò alla costituzione, all'Aia, del Partito del Socialismo Europeo (PSE)[216].

Le elezioni amministrative del 1993, le prime che si tennero col sistema maggioritario, che comportava l'elezione diretta dei sindaci e dei presidenti delle province, invece, segnarono una netta vittoria per le sinistre ed una buona affermazione per il PDS, che così si rivelò essere il perno dello schieramento. Di conseguenza il PDS si fece promotore di un'alleanza unitaria delle forze della sinistra, che potesse aspirare al governo del Paese.

Intanto il clima politico in Italia era profondamente mutato, soprattutto a causa dello scandalo di *Tangentopoli* e della conseguente inchiesta giudiziaria *Mani Pulite*, che aveva travolto molti partiti e scosso la fiducia dei cittadini nelle pubbliche istituzioni, ma anche per la nuova legge elettorale *Mattarellum*[217], che prevedeva per l'elezione del Parlamento un sistema misto maggioritario-proporzionale, che avrebbe aperto la strada ad alternative maggioranze politiche, a seconda della volontà espressa dagli elettori[218].

---

214 Il leader del PSI Craxi così commentò la scelta degli ex comunisti: "Si sentono socialisti, ma con la vergogna di chiamarsi socialisti" (in: M. Pini *Craxi, una vita, un'era politica*, pag. 413, Mondadori, 2011).

215 L'ingresso del PDS ebbe il beneplacito dai partiti italiani che già ne facevano parte: il PSI (segretario Bettino Craxi) e il PSDI (segretario Antonio Cariglia).

216 L'atto costitutivo porta, fra le altre, le firme di Achille Occhetto (PDS), Bettino Craxi (PSI) e Carlo Vizzini (PSDI). Nel 2009 il gruppo socialista al Parlamento europeo prenderà il nome di "Alleanza Progressista dei Socialisti e dei democratici".

217 La legge prendeva il nome del suo relatore, l'on. Sergio Mattarella (n. 1941), futuro Presidente della Repubblica.

218 In tale occasione, qualcuno parlò di fine della "Prima Repubblica" ed inizio della "Seconda".

A contendersi il governo della cosa pubblica, alle elezioni politiche del 27 e 28 marzo 1994, si presentarono tre schieramenti profondamente innovativi dello scenario politico italiano:

A) Una coalizione di centro-destra, guidata dall'imprenditore Silvio Berlusconi, per l'occasione *sceso in campo*, col partito da lui fondato, Forza Italia (FI)[219], la quale nel Settentrione d'Italia si alleò con la Lega Nord[220] (*Polo delle Libertà*) e nel Meridione con Alleanza Nazionale (*Polo del Buon Governo*)[221].

B) Un'alleanza centrista, denominata Patto per l'Italia, siglata il 15 febbraio 1994, tra il Partito Popolare Italiano[222] e il Patto Segni[223].

---

219 Il Movimento Politico Forza Italia (FI) era stato fondato il 29-6-1993. Suoi principali esponenti, oltre Berlusconi, erano Marcello Dell'Utri, Antonio Tajani, Cesare Previti e Giuliano Urbani. La lista di FI ospitava anche Il CCD e l'Unione di Centro. Al Polo berlusconiano aderiva anche il "Polo Liberal Democratico".

220 La lega Nord era nata il 4 dicembre 1989 dall'unione di sei movimenti autonomisti del Nord Italia. Leader ne era Umberto Bossi. Al solo Polo delle Libertà era alleata la Lista Pannella (radicali).

221 Alleanza Nazionale (AN) era sorta il 23 gennaio 1994 come formazione elettorale composta dal MSI-DN e da personalità di destra. Col congresso di Fiuggi (27 gennaio 1995) Il MSI-DN si sciolse, confluendo in AN, con presidente Gianfranco Fini, il cui impulso era stato determinante al fine di creare una destra moderna, senza legami con le nostalgie di tipo neofascista.

222 Il Partito Popolare Italiano (PPI), per iniziativa del segretario Mino Martinazzoli venne fondato il 18 gennaio 1994 sulle ceneri della vecchia DC, la cui maggioranza aderì al PPI. La minoranza di Casini e Mastella, invece, fondò il Centro Cristiano Democratico (CCD), che si alleò con FI.

223 Il Patto di Rinascita Nazionale, noto come Patto Segni, sorse nel novembre 1993, attorno alla figura del leader referendario Mariotto Segni, che in precedenza aveva militato nella DC. Al Patto per l'Italia aderivano anche il PRI, l'Unione Liberaldemocratica, il Patto dei Riformisti, guidato dai socialisti Gennaro Acquaviva e Luigi Covatta e il socialdemocratico Gian Franco Schietroma.

Simbolo di Alleanza dei Progressisti

C) A sinistra si formò un'ampia alleanza guidata da Occhetto, denominata "I Progressisti". Essa comprendeva, oltre il PDS, il Partito della Rifondazione Comunista, (costituito dalla minoranza di sinistra del PCI che non aveva aderito al PDS), il Partito Socialista Italiano, piuttosto ridimensionato rispetto al recente passato, Alleanza Democratica (AD)[224], La Rete[225], la Federazione dei Verdi[226], i Cristiano Sociali[227] e Rinascita Socialista[228].

Ma, alla prova delle urne l'alleanza di sinistra, la *gioiosa macchina da guerra*, come Occhetto l'aveva definita, dovette subire quella che fu detta

---

224 Alleanza Democratica era una formazione di sinistra riformista nata il 15 luglio 1993 dalla convergenza dell'Unione dei Progressisti (Pietro Scoppola, Giuseppe Ayala, Paolo Battistuzzi); di riformisti come Willer Bordon e Ferdinando Adornato; di socialisti come Giorgio Benvenuto e Giorgio Ruffolo, di repubblicani come Giorgio Bogi, di Mariotto Segni (leader dei "Popolari per le Riforme"), che però presto se ne staccherà.

225 Il "Movimento per la Democrazia – La Rete" fu fondato il 24 gennaio 1991 da Leoluca Orlando, Nando Dalla Chiesa, Claudio Fava, Alfredo Galasso, Carmine Mancuso e Diego Novelli (ex segretario generale della CGIL). Nel 1999 confluirà ne "I Democratici".

226 La Federazione dei Verdi, fondata il 16 novembre 1985, raggruppava tutti i movimenti ecologisti prima esistenti in un unico soggetto politico.

227 Il partito dei Cristiano Sociali sorse il 14 settembre 1993 come scissione dell'ala sociale della DC. Ne erano leader Pierre Carniti (ex segretario generale della CISL) e l'economista Ermanno Gorrieri.

228 Rinascita Socialista nacque il 29 maggio 1993, come movimento interno al PSI, di cui auspicava un radicale rinnovamento. Il 19 luglio successivo l'assemblea degli aderenti sancì la scissione dal PSI. Il movimento, che aveva come leader il sindacalista dell'UIL Enzo Mattina, nel 1995 confluì poi nella Federazione Laburista.

una *doccia gelata*, giacché la vittoria, anche grazie alle nuove regole maggioritarie, arrise allo schieramento di centro-destra.

Nella quota proporzionale, da cui si poteva vedere la forza reale di ciascuno schieramento e di ciascun partito, i Progressisti ottennero il 34,34 % (il PDS da solo il 20,36 %), il Polo di Berlusconi il 42,84 % (FI da sola il 21,01 %) e il Patto il 15,75 %.

Complessivamente, cioè sommando i seggi conquistati nella quota maggioritaria e in quella proporzionale, i Progressisti ottennero 213 seggi alla Camera e 122 al Senato[229].

Da una prima lettura dei dati elettorali emergevano tre considerazioni. La prima era che il PDS si era rivelato il primo partito dello schieramento di sinistra e il secondo d'Italia. La seconda era che il centro-destra andava a governare senza avere la maggioranza degli elettori. La terza che se i Progressisti si fossero alleati con i centristi, prevalentemente costituiti dai cattolici democratici del PPI, avrebbero avuto grosse possibilità di vittoria.

Mentre ancora pesava l'amara delusione delle elezioni politiche, già apparivano all'orizzonte quelle europee, fissate per il 12 giugno 1994.

I risultati furono ancora più brucianti per il PDS e per il suo leader. Il PDS subì infatti una flessione, scendendo al 19,06 %, mentre FI consolidava la sua presa elettorale con un ottimo 30,62 %. Achille Occhetto, che era sopravvissuto politicamente alla sconfitta alle politiche che avevano aperto la strada al governo Berlusconi, ne prese dunque atto e presentò le sue immediate dimissioni da segretario del partito (13-6-1994), aprendo così la gara per la sua successione.

---

229 Il Polo conquistò 366 seggi alla Camera e 156 al Senato. Il Patto ottenne 46 seggi alla Camera e 31 al Senato.

Emersero due candidature:quella del capogruppo alla Camera, Massimo D'Alema[230] e quella del direttore de *l'Unità*, Walter Veltroni[231], quest'ultimo sostenuto da Occhetto.

I due personaggi incarnavano una diversa visione della collocazione da dare al PDS. D'Alema era convinto sostenitore di un partito che si incamminasse decisamente verso il modello dei partiti socialisti europei; Veltroni, invece, era fautore di una linea politica di tipo democratico-kennedyana, vista la sua ammirazione per l'ex Presidente USA.

Un sondaggio fra i quadri dirigenti del partito, la cosiddetta *battaglia dei fax*, assegnò la prevalenza (ma non la maggioranza assoluta) alla candidatura Veltroni, per cui la decisione finale fu rimandata al Consiglio Nazionale del partito, composto da 480 membri.

Rovesciando le previsioni, che avevano dato favorito Veltroni, fu eletto D'Alema con 249 voti, contro i 173 andati a Veltroni.

Massimo D'Alema

Con la nuova segreteria iniziò la ricerca di un dialogo con il centro democratico, al fine di contrastare la destra. Un primo successo fu conseguito con la caduta, dopo pochi mesi, del governo di centro-destra (dicembre1994), abbandonato dalla Lega Nord.

Esso dovette lasciare il posto ad un governo"tecnico", presieduto da Lamberto Dini e sostenuto dai Progressisti, dal PPI e dalla Lega Nord.

Le amministrative del 1995, tenutesi in due diverse tornate, segnarono un successo di questa politica di intese tra la sinistra e il centro

---

230 Massimo D'Alema (n. 1949), politico e giornalista, è stato segretario nazionale della FGCI (1975-1980), deputato per 7 legislature, direttore de *l'Unità*, vicesegretario dell'Internazionale Socialista, Presidente del Consiglio (1998-2000), ministro degli Esteri, segretario del PDS (1994-1998) e presidente dei DS (2000-2007).

231 Walter Veltroni (n. 1955), politico, giornalista, scrittore e regista, già dirigente del PCI, è stato direttore de *l'Unità*, deputato per 6 legislature, vicepresidente del Consiglio (con Prodi presidente), sindaco di Roma, segretario dei DS (1998-2001), segretario del PD (2007-2009).

democratico e dunque un incoraggiamento a proseguire su questa strada. Ne prese atto il congresso (tematico, senza elezioni di cariche) di Roma del PDS del 6 luglio 1995, il quale confermò le scelte già avviate: l'investitura di Romano Prodi a candidato *premier* del centro-sinistra e la costruzione di un'alleanza organica tra le forze pidiessine, socialiste, cattolico-democratiche e liberaldemocratiche, al fine di avviare una stagione di riforme, per portare l'Italia nella nuova Europa che già si stava costruendo.

L'Ulivo

La fine del governo Dini (gennaio 1996) e l'avvicinarsi delle nuove elezioni politiche, fissate per il 21 aprile 1996, anche alla luce della precedente esperienza elettorale e della conseguente esigenza di adeguarsi al *bipolarismo* imposto dalla legge elettorale (*Mattarellum*), portarono all'accordo del 6 marzo 1996 che diede vita alla coalizione di centro-sinistra[232], detta "L'Ulivo", che sostanzialmente raggruppava la Sinistra (tranne il PRC, con cui fu stipulato un *patto di desistenza*) e il Centro dello schieramento politico e che riconosceva come proprio leader Romano Prodi. Il quale Prodi condusse il centro-sinistra alla vittoria e quindi al governo del Paese.

---

232 Fondatori dell'Ulivo furono i seguenti partiti: PDS, PPI, SI (Socialisti Italiani, partito sorto nel 1994, dopo lo scioglimento del PSI), Patto Segni, Alleanza Democratica, Federazione dei Verdi, La Rete, PRI, Federazione dei Liberali, Federazione Laburista (proveniente anch'essa dal disciolto PSI), Cristiano Sociali, **Movimento dei Comunisti Unitari,** fondato il 14-6-1995, in seguito ad una scissione a destra del PRC, con leader Famiano Crucianelli (vedi capitolo seguente). In occasione delle elezioni si aggregarono la "Lista Dini-Rinnovamento Italiano" (RI) e alcuni movimenti regionalisti.

Nella quota proporzionale della Camera L'Ulivo (compreso il PRC) ottenne il 43,39 % (il solo PDS il 21,06 %), superando dunque il Polo[233] che si fermò al 42,07 % (la sola FI il 20,57 %).

Complessivamente L'Ulivo conquistò 322 seggi alla Camera e 169 al Senato, mentre il Polo elesse 242 deputati e 116 senatori. Il PDS si affermò come il maggior partito italiano.

La vittoria elettorale dell'Ulivo portò, nel maggio 1996, alla formazione del I governo Prodi, nel quale il PDS ottenne 10 ministri[234] e 16 sottosegretari.

Il governo si contraddistinse soprattutto per la definitiva adesione dell'Italia alla moneta unica europea (euro).

Intanto D'Alema, sempre legato al suo progetto di creare anche in Italia un grande partito socialdemocratico di tipo europeo che chiudesse l'epoca delle scissioni, lanciò la sua proposta in merito. Tale soggetto politico, dai contorni ancora non ben delineati, fu definito la "Cosa 2", cioè un *cantiere politico* per una *formazione politica che si collocherebbe nell'area dei partiti socialdemocratici e laburisti europei*[235].

La proposta venne approvata anche dal secondo congresso del PDS, che si aprì a Roma il 20 febbraio1997 e che rielesse segretario Massimo D'Alema con l'88 % dei voti.

Ancora un anno e sarebbe giunto a compimento il processo della Cosa 2.

---

233 Il Polo delle Libertà correva senza la Lega Nord (che presentò proprie liste) e comprendeva: FI, AN, il CCD e i nuovi arrivati Cristiano Democratici Uniti (CDU), formazione nata da una scissione dell'ala destra del PPI e che era guidata da Rocco Buttiglione.

234 Walter Veltroni (Vicepresidenza e Beni Culturali e Ambientali), Anna Finocchiaro (Pari Opportunità), Livia Turco (Solidarietà Sociale), Franco Bassanini (Funzione Pubblica), Giorgio Napolitano (Interni), Vincenzo Visco (Finanze), Pier Luigi Bersani (Industria, Commercio e Artigianato), Claudio Burlando (Trasporti), Luigi Berlinguer (Pubblica istruzione) e Piero Fassino (Politiche Comunitarie).

235 Tale proposta fu rigettata il 22 luglio 1996 dal Consiglio Nazionale del SI, principale interlocutore, che temeva un suo assorbimento nel PDS.

VI. Il Partito della Rifondazione Comunista

Il partito deve avere più di una voce, ma poi deve cantare lo stesso inno

(Pietro Nenni)

Il 3 febbraio 1991, mentre si concludeva il XX congresso del PCI, ultimo della serie, e il I del PDS, in un'altra aula, anche se non altrettanto affollata, dell'edificio della Fiera di Rimini, nasceva il Movimento per la Rifondazione Comunista (MRC)[236].

Vi partecipava una novantina di delegati dei 335 (26,77 %) che la sinistra aveva ottenuto al congresso del PCI. La maggioranza del *fronte del no*, i *continuisti* seguaci di alcuni *big* del partito come il presidente Alessandro Natta, Pietro Ingrao, Aldo Tortorella e Lucio Magri, già nell'assemblea di Arco (TR) del 28-30 settembre 1990 avevano espresso la volontà di non promuovere una scissione[237], pur dichiarandosi disposti a presentare una mozione unica dei contrari alla *svolta* di Occhetto, come in effetti avvenne con l'accordo del 5 novembre 1990 coi cossuttiani.

L'assemblea congiunta degli aderenti alla mozione *Per una autonoma presenza comunista in Italia* si tenne il 6 gennaio 1991 e i *cossuttiani* vi manifestarono la loro volontà di non aderire al costituendo PDS.

Certamente deve essere stato doloroso per tanti militanti vedere demolire le cose in cui avevano creduto e per cui avevano combattuto per tanti anni: il comunismo come ideologia, l'Unione Sovietica *patria del*

---

236 Più precisamente: "Congresso del Movimento per la Rifondazione Comunista in Italia".

237 In seguito formeranno la corrente dei Comunisti Democratici, guidata da Aldo Tortorella.

socialismo reale, il "centralismo democratico"... Era come se qualcuno gli avesse detto: "Avete sbagliato tutto, senza giustificazione alcuna: la vostra colpa principale è stata quella di esistere. Siete autori e vittime di un grande errore storico".

Per questo, forse, ora essi si aggrappavano alla vita, una nuova vita politica che gli consentisse di non abiurare a se stessi, di non finire fra quelli che un giorno erano stati chiamati *socialtraditori*, cioè con la socialdemocrazia europea.

Armando Cossutta, che meglio di chiunque altro li rappresentava, non era nuovo a queste battaglie: egli aveva fiutato l'avvicinarsi della tempesta fin da quando Berlinguer aveva pronunciato l'iconoclastica frase sull'esaurimento della *spinta propulsiva* dell'Unione Sovietica. E perciò si era dato da fare, costituendo dentro il PCI una rete di collegamenti che abbracciava tutto il territorio nazionale, coi tanti che temevano, a causa del distacco del partito dall'URSS e dagli altri Paesi comunisti[238], la perdita dell'identità del partito; rete che ora tornava utile per fornire al nuovo partito che si andava a costituire una salda ossatura iniziale. Il tutto senza troppo curarsi dei principi del "centralismo democratico", formalmente in vigore nel PCI, ma avviato a decadenza.

Dunque i novanta della sinistra cossuttiana delegarono sette di loro[239] ad adoperarsi per la rinascita dell'appena disciolto PCI e del suo storico simbolo. La conseguente e breve disputa giudiziaria col partito di Occhetto che ne conseguì si concluse, però, a loro sfavore, essendo erede legale del PCI il solo PDS, che ne rappresentava la stragrande maggioranza. Dovettero perciò ripiegare su un'altra denominazione, ripresa dal titolo delle loro mozione di Rimini: **Movimento per la**

---

238 Per questo furono definiti *filosovietici*. Ma essi rifiutavano questo appellativo.

239 Armando Cossutta, Sergio Garavini, Lucio Libertini, Ersilia Salvato, Rino Serri, Guido Cappelloni e Bianca Bracci Torsi. Al MRC aderivano anche Franco Giordano e Nichi Vendola.

Rifondazione Comunista (MRC), registrato a Roma il 22 febbraio 1991. Coordinatore nazionale fu eletto all'unanimità Sergio Garavini[240].

Sergio Garavini

Il 14 maggio 1991, il deputato nazionale Lucio Magri e l'europarlamentare Luciana Castellina[241], lasciato il PDS, aderirono al MRC, che così poté avere una rappresentanza anche alla Camera e al Parlamento europeo[242].

A conclusione del suo VIII ed ultimo congresso (Riccione 6-9 settembre 1991) Democrazia Proletaria, ormai indebolita nazionalmente, ma ancora abbastanza presente nel territorio, deliberò di sciogliersi: la maggioranza dei suoi esponenti decise di confluire nel MRC al fine di contribuire alla costruzione del nuovo partito, che non si voleva troppo attestato su di una linea di rigida continuità storica col PCI[243].

Il 15 settembre 1991, inoltre, in seguito ai deliberati del suo VI congresso (straordinario), anche il PCd'I m-l confluì nel Movimento per la Rifondazione Comunista, *per dare vita ad una nuova fase di lotta*

240 Sergio Garavini (1926-2001), sindacalista, deputato e scrittore, fu uno dei fondatori e il primo segretario del PRC (1991-1993), da lui poi lasciato nel 1995.

241 Con loro il gruppo dell'ex Manifesto- PdUP p.i.c., che nel 1984 aveva aderito al PCI e quindi, pur contrario alla *svolta* di Occhetto, al PDS. Fra essi Famiano Crucianelli e Luciano Pettinari.

242 Al Senato l'aveva già, dal 9-2-1991: Lucio Libertini (capogruppo), Armando Cossutta, Salvatore Crocetta, Angelo Dionisi, Luigi Meriggi, Ersilia Salvato, Rino Serri, Stojan Spetic, Girolamo Tripodi, Giuseppe Vitale, Paolo Volponi.

243 Con la confluenza di DP arrivarono nel MRC Giovanni Russo Spena (ultimo segretario di DP), Marida Bolognesi, Salvatore Cannavò, Marco Ferrando, Paolo Ferrero, Domenico Jervolino, Livio Maitan, Luigi Malabarba e Luigi Vinci.

anticapitalista ed antimperialista ed applicare, nella pratica, l'obiettivo posto da tanto tempo sulla necessità dell'unità dei comunisti.

Il successivo 12 ottobre, in occasione di una grande manifestazione a Roma, uscì il primo numero dell'organo del Movimento, *Liberazione*.

Dal 12 al 15 dicembre 1991 1300 delegati, in rappresentanza di 113 federazioni parteciparono al congresso, non molto sereno[244], per la fondazione del nuovo partito.

Il nome scelto fu in continuità con quello del Movimento: **Partito della Rifondazione comunista (PRC).**

Organi principali saranno: il Comitato Politico Nazionale, in sostituzione del vecchio Comitato Centrale; il segretario nazionale (sarà eletto Sergio Garavini); il presidente (sarà eletto Armando Cossutta). Novità inattesa, in aperto contrasto coll'antico *centralismo democratico*, saranno tollerate le correnti organizzate. Il simbolo echeggiava in qualche modo quello del PCI, ma ne differiva.

Simbolo del Partito della Rifondazione Comunista

La prima prova significativa che Rifondazione Comunista dovette affrontare, fu superata abbastanza bene. Alle elezioni politiche del 5-6 aprile 1992 ottenne il 5,62 % alla Camera e 35 seggi e il 6,52 % al Senato e 20 senatori[245].

Ma, dopo il referendum del 18 aprile 1993, il Parlamento abolì la legge elettorale proporzionale, fino ad allora vigente e ne approvò un'altra con forti caratteri maggioritari (*Mattarellum*). Ciò costringerà il PRC ad uscire dall'isolamento e ad cercare accordi con altre forze di sinistra, senza i quali, obiettivamente, non sarebbe più potuto rientrare in parlamento.

---

244 Si chiuse il 15/12 senza aver eletto le massime cariche. Emersero divergenze tra "garaviniani" e "cossuttiani". Solo dopo lunghe trattative, i delegati, nuovamente riuniti, poterono eleggere Presidente e Segretario del partito.

245 Nel 1992 il PRC e il MSI-DN furono le uniche forze ad opporsi in Parlamento al Trattato di Maastricht

Intanto, nonostante il successo alle politiche ed altri conseguiti in alcune elezioni amministrative, la diarchia Garavini – Cossutta dava segni di instabilità. Su Garavini cominciava a circolare l'accusa di *leaderismo*.

Anche nel PDS le acque erano agitate. Il 10 maggio 1993, il leader della sinistra sindacale "Essere sindacato", Fausto Bertinotti[246], assieme ad altri 30 dirigenti della CGIL, lasciò polemicamente il partito. Bertinotti, come tanti altri oppositori alla *svolta* di Occhetto, nel 1991 aveva preferito rimanere nel PDS[247], ma prese la decisione di staccarsene dopo l'astensione data dal PDS al governo Ciampi[248], senza tuttavia optare per il PRC, essendo orientato piuttosto a rilanciare *una sinistra di opposizione, di alternativa e anticapitalistica*.

Il 19 maggio 1993 si riunì la Direzione del PRC. Garavini era fautore di un disegno politico che vedesse RC (assieme ai piccoli gruppi sparsi della sinistra italiana) inserita all'interno di un polo di sinistra col PDS, per creare una valida alternativa di governo, come scelta da fare in vista delle prossime elezioni politiche, che prevedevano i collegi uninominali. Molti proposero un rinvio per un approfondimento della proposta in sede congressuale, vista l'importanza dell'argomento per il futuro del partito. Ma, dopo due giorni di intenso dibattito, il segretario impose la votazione, una specie di voto di fiducia sulla sua relazione. Inoltre molti

---

246 Fausto Bertinotti (n. 1940), a lungo sindacalista della CGIL e parlamentare, inizialmente fece parte della corrente di sinistra del PSI, assieme alla quale passò nel PSIUP e, quando esso vi confluì, entrò nel PCI (1972); allo scioglimento di quest'ultimo (1991) aderì al PDS, che lasciò il 10-5-1993. Il 17-9-1993 aderì al PRC, di cui divenne segretario dal 1994 al 2006, quando fu eletto Presidente della Camera. Dal 2008 ha lasciato la politica attiva.

247 Lo stesso aveva fatto Pietro Ingrao, che il 15-5-1993 lascerà anch'egli il PDS.

248 Nel clima di sbandamento politico causato dall'inchiesta su *Tangentopoli*, Il Presidente della Repubblica Oscar Luigi Scalfaro nominò un governo tecnico di transizione, presieduto dall'ex Governatore della Banca d'Italia Carlo Azeglio Ciampi (28-4-1993/10-5-1994). Secondo Bertinotti l'astensione del PDS avallava *l'idea di una sorta di neutralità delle politiche economiche e sociali*.

erano rimasti urtati dal fatto che il segretario aveva criticato alcuni membri della Direzione, accusandoli di *protagonismo*, per aver rilasciato troppe interviste; i quali, a loro volta avevano rilanciato al segretario l'accusa di *verticismo* e di *leaderismo*. Risultato: 15 a favore e 15 contrari alla relazione. Il partito appariva spaccato in due. Fra i contrari Cossutta, Magri e Libertini, che non avevano digerito l'imposizione di votare subito. I risultati complessivi furono comunque negativi per il segretario, che vide non approvata la sua relazione, come egli annunciò alla stampa. Anche se poi aggiunse: "Non sono un segretario dimezzato, sono un segretario che ha praticamente avviato la fase precongressuale del partito".

Ma il 26 giugno venne messo in minoranza nel Comitato Politico Nazionale e il 27 annunciò le sue dimissioni da segretario. Il partito venne perciò affidato ad un Comitato Operativo Nazionale di sette persone[249], in attesa del II congresso.

A questo punto le strade di Cossutta e di Bertinotti si incontrarono e Bertinotti, il 17 settembre, si dichiarò pronto ad entrare nel PRC per *costruire una sinistra radicale ed anticapitalistica, capace di candidarsi anche come forza di governo in nome dell'alternativa.* Cossutta era pronto a sostenerlo come nuovo segretario.

Fausto Bertinotti

E, in effetti, il 23 gennaio 1994, Bertinotti, sostenuto da Cossutta e Magri, venne eletto segretario dal Comitato Politico Nazionale, col voto favorevole di 160 membri su 193[250].

---

249 Guido Cappelloni, Armando Cossutta, Antonino Cuffaro, Lucio Libertini, Lucio Magri, Ersilia Salvato, Rino Serri.

250 In preparazione del II congresso del PRC (Roma, 21-24 gennaio 1994) avvenne una scissione (a sinistra), ad opera di Norberto Natali, il quale, uscito dal PCI, aveva fondato un circolo a Roma, "Comitato Comunisti Sempre", che nel marzo 1991 era confluito nel PRC. Durante il congresso della federazione romana, Natali, leader della minoranza, convinto che centro-destra e centro-sinistra erano *due orchestre che si combattevano*

Ma già incombevano le elezioni politiche del 27-28 marzo 1994 e il nuovo sistema elettorale prevalentemente maggioritario imponeva una politica di accordi con altre forze. Il PRC dunque aderì all'Alleanza dei Progressisti, guidata dal leader del PDS, Achille Occhetto.

I risultati poterono considerarsi, tutto sommato, soddisfacenti per il PRC[251], ma le elezioni furono vinte, come già ricordato, dalla coalizione di centro-destra, guidata da Silvio Berlusconi, che dunque formò il nuovo Governo.

Il 12 giugno successivo le elezioni europee confermarono la forza raggiunta dal partito (6,08 % e 5 deputati sugli 87 spettanti all'Italia).

***

Il 15 settembre 1994 un gruppo di militanti del PRC, uscito dal partito in quanto non ne condivideva la linea, a suo dire, *riformista e antistalinista*, intraprese dalla Direzione Nazionale, si riunì a Roma e decise di fondare un nuovo partito: il **Partito Operaio Marxista-Leninista (POM-L)**.

Partito Operaio Marxista-Leninista (POM-L)

Il POM-L faceva sua la tradizione del Partito Comunista d'Italia (1921-1943) e quella della Terza Internazionale e ispirava il suo programma al marxismo-leninismo e al maoismo.

Segretario fu eletto, lo stesso giorno, con 24 voti su 30, Michele Panotti (1994-2013).

In campo elettorale il POML ha adottato, in opposizione al PRC e ai DS, la linea astensionista, pur dichiarandosi pronto a fare "fronte unico" con altri partiti o movimenti marxisti-leninisti.

---

per poi suonare la stessa musica, lasciò il PRC, per fondare un nuovo soggetto politico: **Iniziativa Comunista (IC)**, autoscioltasi nel 2008.

251 Al proporzionale della Camera ottenne il 6,05 % ed elesse, in complesso, 24 deputati e 18 senatori.

Nel corso del suo secondo congresso (24-6-2013) fu espulso il segretario uscente e i suoi seguaci, accusati di aver creato dentro il partito un'area riformista e anticomunista. Nuovo segretario fu eletto Salvatore Di Stefano, riconfermato (25 voti su 25) anche al terzo congresso (24-7-2013).

Un duro colpo organizzativo il POML lo subì nell'ottobre del 2013, quando la maggioranza del Comitato Centrale decise di unirsi ad altri gruppi affini[252], per formare un nuovo partito che avrebbe dovuto aderire alla proposta lanciata nel 2007 dal presidente venezuelano Hugo Chavez (1954-2013) di creare un Quinta Internazionale.

Il segretario rifiutò tale prospettiva e convocò un nuovo congresso, che all'unanimità lo riconfermò nella carica. Ma si trattava ormai di una sparuta pattuglia di militanti.

***

A fine anno (22 dicembre 1994) il governo di centro-destra, abbandonato dalla Lega Nord, rassegnò le dimissioni, aprendo con ciò una nuova fase politica, che si concluse con la formazione di un governo, presieduto da Lamberto Dini, ex ministro di Berlusconi, ma sostenuto dai Progressisti, dal PPI e dalla Lega Nord.

Al momento della votazione sulla fiducia a questo nuovo governo, nel gennaio 1995, il gruppo del PRC si spaccò: 14 deputati, fra cui Garavini e il capogruppo Crucianelli[253], nonostante l'opposta direttiva del partito,

---

252 Il più consistente era il **Partito Comunista di Unità Proletaria (PCdUP)**, nato nel 2011 con altre denominazioni e con aderenti provenienti dal PRC. Il PCDUP era anch'esso astensionista.

253 Famiano Crucianelli (n. 1948), medico, era stato uno dei fondatori del *Manifesto* e del PdUP p .i. c. È stato deputato per 4 legislature e sottosegretario nel II governo Prodi. È stato anche il coordinatore dei Comunisti Unitari, che nel 1998 confluirono nei DS, da lui poi lasciati (2007) per aderire a Sinistra Democratica. Nel 2008 passò al PD.

votarono la fiducia al governo. A questo punto la rottura divenne insanabile e aprì la strada alla scissione.

***

Coloro che si disponevano a lasciare provenivano per la maggior parte dal PdUP p.i.c., fondato nel 1974 e diretto da Lucio Magri e poi confluito nel PCI (1984), di cui aveva rappresentato una parte dell'ala sinistra, che non condivise la *svolta della Bolognina* di Occhetto, né la sua intenzione di sciogliere il PCI, per dar vita al PDS. Di conseguenza il gruppo aveva deciso di aderire al MRC e quindi al PRC.

All'interno del PRC, dopo le dimissioni da segretario di Garavini e l'elezione di Bertinotti, erano insorti dei dissensi tra questo gruppo e l'area cossuttiana del partito, che furono esplicitati a proposito del comportamento da tenere verso il governo Dini.

Famiano Crucianelli

Contrariamente alla scelta del partito di votare contro, il senatore Umberto Carpi (1941-2013) votò la fiducia e per questo fu sospeso per sei mesi. L'episodio innescò una serie di reazioni che toccò il suo apice in occasione del fiducia posto in seguito dal governo sulla manovra finanziaria, che passò (16 marzo 1995) grazie ai voti determinanti di 16 deputati dissidenti del PRC.

Fu Crucianelli a motivare il voto a favore del governo: *... non me la sento di offrire allo schieramento di destra un aiuto che gli è indispensabile... L'obiettivo è chiaro: andare direttamente alle elezioni conservando per intero il controllo dei mezzi di comunicazione... Avverto la priorità, l'imperativo di ostacolare e di contrastare in quest'aula il* *disegno, la manovra della destra.* Crucianelli fu rimosso da capogruppo[254].

Il dialogo fra le due anime del partito appariva ormai impossibile e il 14 giugno 1995 vari dirigenti, fra cui 14 deputati, 3 senatori e due deputati europei decisero di uscire dal PRC.

I motivi della rottura, essenzialmente politici, erano elencati nella lunga lettera d'addio:

L'autonomia di Rifondazione Comunista è divenuta separazione e isolamento, mentre invece *la ricostruzione della sinistra e della sua unità è il passaggio stretto, ma necessario della fase attuale,* altrimenti la crisi italiana *si concluderà con una sconfitta drammatica e duratura.* La dirigenza del partito - prosegue ancora la lettera - si era trincerata, invece, *nella rimozione dell'esperienza dei progressisti e nel rifiuto di ogni processo federativo, primo atto per la ricostruzione di un luogo unitario a sinistra, rispettoso della pluralità dei soggetti.* Ciò aveva comportato – secondo gli scriventi - un mutamento d'identità del partito, che sostanzialmente aveva rotto con la tradizione comunista italiana, avvicinandosi piuttosto a quella del massimalismo italiano. In più, oltre ai rapporti politici, erano peggiorati quelli personali.

Per gli scriventi occorreva perciò interrompere questa mancanza di dialogo interno e costruire non un nuovo partito politico, per *promuovere forme ed occasioni di confronto e di iniziativa politica nelle quali singoli ed organizzazioni diverse possano, senza pregiudizio delle proprie appartenenze, ritrovare la possibilità di un lavoro comune.*

Venne dunque costituito il **Movimento dei Comunisti Unitari (MCU)**[255], con coordinatore Famiano Crucianelli ed organo di stampa il settimanale *Cominform,* il cui primo numero uscì il 21 novembre 1995.

---

254 Fu sostituito da Oliviero Diliberto, direttore di *Liberazione,* a sua volta sostituito da Lucio Manisco nel giornale, che dall'8 aprile diventerà quotidiano.

255 Principali esponenti ne erano: Lucio Magri, Famiano Crucianelli, Luciana Castellina, Mauro Guerra, Gianfranco Nappi, Luciano Pettinari, Ersilia Salvato, Rino Serri.

Simbolo del Movimento dei Comunisti Unitari

Garavini, benché avesse firmato la lettera, non volle aderirvi, non condividendo il progetto di *costruire l'ennesimo gruppetto di comunisti.*

La storia del MCU non fu lunga: dopo aver partecipato alle politiche del 1996 nelle liste del PDS[256] e dell'Ulivo e al I governo Prodi[257], il 14 febbraio 1998 confluì, assieme ad altri raggruppamenti di sinistra, nei Democratici di Sinistra (DS)[258].

***

Ma il nuovo sistema elettorale, già in vigore dalle elezioni del 1994, portava comunque i dirigenti di Rifondazione Comunista a cercare alleanze, in quanto senza di esse, nonostante l'affermazione conseguita alle elezioni regionali del 23 aprile 1995[259], difficilmente avrebbe potuto conseguire un'adeguata rappresentanza parlamentare.

Infatti qualcosa cominciò a cambiare, a partire dall'astensione data al governo, che venne così salvato, su una mozione di sfiducia del centro-destra (25 ottobre 1995). E in effetti, nel febbraio 1996, si arrivò ad un accordo con l'Ulivo: un *patto di desistenza* in 45 collegi maggioritari (27 alla Camera e 18 al Senato, in cui l'Ulivo rinunciava a presentare propri candidati e si impegnava a sostenere quelli del PRC, che si sarebbe presentato col simbolo dei progressisti.

---

256 Ebbe complessivamente otto deputati : Angelo Altea, Valter Bielli, Marida Bolognesi, Famiano Crucianelli, Mauro Guerra, Gianfranco Nappi, Roberto Sciacca e Adriano Vignali.

257 Con Rino Serri, sottosegretario agli Esteri.

258 Lucio Magri non aderì ai DS e ritornò alla professione di giornalista, scrivendo per il *Manifesto*.

259 Il PRC raggiunse l'8,27 % e conquisto 48 seggi. Il PDS arrivò al 24,58 % ed ebbe 162 seggi.

Le elezioni politiche furono un successo, non solo per la coalizione capeggiata da Prodi, ma anche per il PRC[260], che diventò determinante per la formazione del governo Prodi, al quale assicurò un appoggio esterno.

Cobas per l'autorganizzazione

Contraria alla decisione si dichiarò la deputata Mara Malavenda, sindacalista dello Slai-Cobas[261], eletta come indipendente nel PRC, la quale venne pertanto espulsa dal gruppo parlamentare (15-5-1996). Il 31 maggio seguente la Malavenda, come annunciato, votò contro la fiducia al governo, dopo di che passò al gruppo misto e fondò i **Cobas per l'autorganizzazione**[262], di cui divenne leader.

Il 3° congresso del PRC (Roma, 12-15 dicembre 1996) sembrò consolidare la gestione Cossutta-Bertinotti, rispettivamente presidente e segretario del partito, la cui mozione fu approvata con l'85,48 % dei voti, su una linea politica diretta a condizionare dall'esterno il governo Prodi. Ma già il mese dopo, Bertinotti cominciò a dare segni di irrequietezza politica, tanto che il governo arrivò a presentare le dimissioni. Le divergenze comunque si appianarono con un compromesso[263], che però non sembrò soddisfare in pieno il segretario.

✳✳✳

---

260 Nella quota proporzionale della Camera raggiunse l'8,57 % e, complessivamente, ottenne 35 seggi alla Camera e 11 al Senato.

261 Sindacato dei Lavoratori Autorganizzati Intercategoriale/ Comitati di base.

262 Il movimento parteciperà alle elezioni europee del 1999 e alle elezioni regionali campane del 2000, ma senza apprezzabili risultati.

263 Il Governo si impegnò a varare una legge sulle 35 ore di lavoro settimanali e ad a migliorare le pensioni per i lavori usuranti.

La mancata caduta del governo spinse un gruppo di militanti, guidato dall'ex deputato Giovanni Bacciardi[264], membro della Direzione del PRC, contrario alla presunta *deriva riformista*, a rompere col partito. promuovendo una nuova scissione.

Simbolo della Confederazione Comunisti Autorganizzati

Il 7 febbraio 1998 si tenne, infatti, il congresso costitutivo della **Confederazione Comunisti Autorganizzati (CCA)**, al quale parteciparono 600 persone, provenienti da varie parti d'Italia[265]. Scopo della CCA era quello di *unire in forma pluralista tutti i comunisti che tengono ben fermo l'obiettivo di una società libera senza sfruttati e senza sfruttatori.*

La strada indicata era, senza mezzi termini, *quella della costruzione di un soggetto politico comunista che dall'opposizione in forma organica avanzi un progetto per il superamento del sistema capitalistico.*

Sul finire del 1999 il movimento si sfasciò, dividendosi in **L'altra Lombardia-su la testa** e il **Movimento per la Confederazione dei Comunisti**, i quali però, in una con altri gruppi[266], nel 2000 costituirono il **Coordinamento Comunista** con lo scopo *di avviare un processo aggregativo delle realtà comuniste presenti in Italia.*

---

264 Giovanni Bacciardi (n. 1937) aveva militato nella FGCI e nel PCI. Non condivise la *svolta* di Occhetto ed aderì al PRC, di cui divenne il coordinatore toscano. Nel 1992 fu eletto deputato e successivamente membro della Direzione. Assieme a Bacciardi, furono promotori della scissione Leonardo Mazzei (anch'egli membro della Direzione del PRC), Orietta Lunghi (consigliera della Regione Toscana), Corrado Delle Donne (consigliere della Regione Lombardia) ed Emilia Calini (ex deputata).

265 Negli anni seguenti il movimento subirà varie scissioni e ricomposizioni che ne disperderanno le forze. Bacciardi, anni dopo, aderirà al PdCI.

266 La **Rete dei Comunisti**, il **Coordinamento Comunista** di Napoli e il Centro Culturale **"Il Lavoratore"** di Massa Carrara e di La Spezia.

***

Intanto la spaccatura, prima latente tra il gruppo di Cossutta (soprattutto ex PCI) e quello di Bertinotti (ex militanti della "nuova sinistra", di DP, ecc.) si faceva sempre più evidente, anche sulle pagine di *Rifondazione*, mensile del partito[267]...

---

267 Il giornale era diretto da Armando Cossutta. Fondato nel 1997, cesserà le pubblicazioni nel 1998, con la scissione del PdCI.

VII. I Democratici di Sinistra

La politica ti prende, è una passione, o se si vuole una malattia da cui non si guarisce mai

(Massimo D'Alema)

Democratici di Sinistra (DS)

Il 13 febbraio 1998 si tenne a Firenze l'assemblea degli Stati Generali della sinistra, alla quale parteciparono vari raggruppamenti politici, con l'intento di costituire un nuovo e unitario soggetto politico della sinistra italiana. Vi partecipavano il PDS anzitutto, che aveva il 73% della rappresentanza assembleare, la Sinistra Repubblicana[268], i Cristiano Sociali, il Movimento dei Comunisti Unitari, l'associazione Riformatori per l'Europa[269], il Movimento Democratico dei Socialisti e dei Laburisti[270].

L'assemblea – sostanzialmente un congresso costitutivo – sancì la nascita del nuovo partito, che assunse la denominazione di **Democratici di Sinistra (DS)**, con simbolo la quercia del PDS, alla cui base il vecchio

---

268 La Sinistra Repubblicana era nata da una scissione del PRI di Giorgio La Malfa, ed era guidata da Giorgio Bogi, Giuseppe Ayala e Libero Gualtieri.

269 L'associazione dei "Riformatori per l'Europa" era stata fondata nel 1998 ed era guidata da Giorgio Benvenuto, ex segretario nazionale della UIL e del PSI. Ne facevano parte numerosi sindacalisti della U.I.L. e della C.G.I.L., fra cui Guglielmo Epifani, che sarà in seguito segretario generale della C.G.I.L. (2002-2010) e segretario del PD (2013).

270 Il MDSL era sorto il 15-7-1997 dalla fusione tra la Federazione Laburista e altri gruppi dell'area socialista e laica. Coordinatore ne era Valdo Spini. Il movimento poteva contare su 9 deputati, 7 senatori e 1 europarlamentare.

simbolo del PCI lasciò il posto alla rosa del socialismo europeo, in quanto i DS aderivano sia all'Internazionale Socialista che al Partito del Socialismo Europeo (PSE).

Segretario venne eletto Massimo D'Alema.

Il primo governo Prodi si dimise il 9 ottobre 1998 in seguito ad un voto di sfiducia della Camera (312 voti a favore e 313 contro), conseguenza del ritiro dell'appoggio da parte del PRC.

***

Simbolo del Partito dei Comunisti Italiani

Tale decisione del Comitato Politico Nazionale del PRC, non condivisa da Cossutta e dalla maggioranza dei deputati, causò la scissione che diede vita al **Partito dei Comunisti Italiani (PdCI)**, costituito in una grande manifestazione dell'11 ottobre, per impedire il ritorno delle destre al potere. Il PdCI, che si pose in continuità ideale col vecchio PCI, si dichiarò infatti pronto ad appoggiare un nuovo governo di centro-sinistra.

Il PdCI dichiarava, nel preambolo al suo Statuto di voler *attuare ed estendere la democrazia, i diritti, l'uguaglianza, la giustizia sociale e le libertà sancite dalla Costituzione repubblicana*.

Faceva riferimento al marxismo, al leninismo e *all'arricchimento ricevuto dall'elaborazione del Partito Comunista Italiano, in particolar modo attraverso il pensiero di Gramsci e di Togliatti*; si rifaceva inoltre ai valori della Resistenza, dell'internazionalismo, della pace e dell'antimperialismo e si dichiarava a favore delle *battaglie ambientaliste, antirazziste, di genere e per i diritti civili*.

Al PdCI aderirono 30.000 iscritti, 27 parlamentari, 28 consiglieri regionali e 107 componenti del CPN del PRC (sui 112 che avevano votato la mozione Cossutta contraria a togliere la fiducia al governo Prodi). Questi ultimi, costituitisi in Comitato Promotore del PdCI nominarono loro presidente Armando Cossutta, che divenne anche reggente del Partito fino alla celebrazione del I Congresso Nazionale. Organo del partito divenne il settimanale *La Rinascita della Sinistra*, con primo direttore Adalberto Minucci[271]. I giovani di età compresa tra i 14 e i 30 anni il 31-7-1999 si organizzeranno sotto la storica sigla della FGCI, che si leggerà Federazione dei Giovani Comunisti Italiani.

Armando Cossutta

***

Mentre la destra già festeggiava la caduta di Prodi, diede la sua disponibilità ad appoggiare un nuovo governo di centro-sinistra anche l'Unione Democratica per la Repubblica (UDR), raggruppamento di centro di recente formazione[272].

---

271 Il numero zero de *la Rinascita della sinistra*, che nel titolo echeggiava lo storico giornale fondato da Palmiro Togliatti, uscì il 21 gennaio 1999. Intorno al giornale, nel corso degli anni, furono organizzate varie feste nazionali. Cesserà le pubblicazioni il 4 marzo 2010.

272 L'UDR era sorta nel febbraio del 1998 dalla confluenza di vari gruppi di centro. Leader ne erano Clemente Mastella, Rocco Buttiglione e Carlo Scognamiglio.

Il 21 ottobre 1998 dunque si costituì il nuovo governo presieduto da Massimo D'Alema e sostenuto da DS, PPI, Rinnovamento Italiano (RI)[273], Federazione dei Verdi (FdV), SDI[274], UDR. Il PRC passò all'opposizione.[275]

I DS, oltre che con il Presidente del Consiglio, vi partecipavano con 7 ministri[276] e 46 sottosegretari; il PdCI con 2 ministri[277] e 3 sottosegretari.

Walter Veltroni

D'Alema lasciò la guida dei DS e al suo posto (e col suo sostegno) fu eletto (21 ottobre 1998) Walter Veltroni, ex vicepresidente del governo Prodi.

La prima prova importante per il nuovo quadro politico furono le elezioni europee del 13 giugno 1999, che confermarono la maggiore forza della Quercia fra tutti i partiti discendenti dal PCI[278].

---

273 La Lista Dini – Rinnovamento Italiano era una formazione *di centro, moderata, riformista* sorta il 28 febbraio 1996 ad iniziativa dell'ex Presidente del Consiglio Lamberto Dini.

274 I Socialisti Democratici Italiani (SDI) erano nati il 10-5-1998, col congresso di fusione di Fiuggi, dalla confluenza del Si di Enrico Boselli, del PS di Ugo Intini, del PSDI di Gian Franco Schietroma e della minoranza della Federazione Laburista (la cui maggioranza era invece andata nei DS).

275 Dal 18 al 21 marzo 1999 si tenne a Rimini il IV congresso del PRC che riconfermò l'indirizzo di Bertinotti con l'84 % dei voti. All'opposizione interna i trotskisti radicali di Ferrando.

276 Antonio Bassolino, Luigi Berlinguer, Pier Luigi Bersani, Piero Fassino, Giovanna Melandri, Livia Turco, Vincenzo Visco.

277 Katia Belillo, Oliviero Diliberto.

278 I DS ottennero il 17,34 % e 15 seggi su 87; il PRC il 4,27 % e 4 seggi e il PdCI il 2,00 % e 2 seggi.

Ciò non bastò comunque ad evitare una diatriba tra i DS (D'Alema in particolare) e lo SDI, sulla rappresentanza data a quel partito nel Governo, al punto di spingere il *premier* a presentare le dimissioni. Egli però riuscì a formare (22-12-1999) un secondo ministero[279], senza più il sostegno dello SDI, che si astenne sulla fiducia, ma con l'appoggio del nuovo movimento de I Democratici[280].

Al congresso dei DS che si svolse poco dopo a Torino (13-16/1/2000) si fronteggiarono due mozioni: una, maggioritaria (79,9 %), più accentuatamente ulivista; e un'altra invece propensa a rafforzare la coalizione, ma evitando la *dissoluzione delle diverse identità politiche*. Veltroni fu riconfermato Segretario Nazionale.

Democrazia Popolare
(Sinistra Unita)

Poco dopo una nuova scissione del PRC portò alla costituzione di **Democrazia Popolare (Sinistra Unita)**[281].

Qualche mese dopo, alle elezioni regionali del 16-4-2000, la coalizione di centro-destra ("Casa delle Libertà") che aveva già ricucito con la Lega Nord, conquistò 8 regioni su 15, il che indusse il presidente D'Alema a prendere atto del risultato e a rassegnare le dimissioni.

---

279 I DS vi furono rappresentati da 8 ministri (Franco Bassanini, Luigi Berlinguer, Pier Luigi Bersani, Piero Fassino, Giovanna Melandri, Cesare Salvi, Livia Turco, Vincenzo Visco) e 52 sottosegretari. Il PdCI vide riconfermati i suoi 2 ministri e 3 sottosegretari.

280 Movimento ispirato da Romano Prodi, nato (27 febbraio 1999) dalla fusione tra Centocittà, Italia dei Valori (che però ne uscirà il 6 maggio 2000), La Rete, Movimento per l'Ulivo e Unione Democratica (UD).

281 DP (SU) fu fondata il 21 gennaio 2000 da Michele Capuano, che ne divenne segretario nazionale. Il 17 luglio 2004 confluirà nel PdCI.

Al suo posto si insediò un nuovo governo di centro-sinistra, questa volta presieduto dal socialista indipendente Giuliano Amato[282].

Oliviero Diliberto

Il 29 aprile 2000 il Comitato Centrale del PdCI elesse, con 118 sì, 1 no e 3 astensioni, Oliviero Diliberto[283] segretario nazionale del partito.

Alle elezioni politiche del 13 maggio 2001 l'intera coalizione dell'*Ulivo*[284] sostenne come candidato *premier* l'ex sindaco di Roma Francesco Rutelli, Ma le elezioni furono vinte, col 45,57 %, contro il 43,15 % del centro-sinistra, dalla coalizione di centro destra, "La casa delle Libertà" (CdL)[285], guidata da Silvio Berlusconi, che dunque fu chiamato a formare il nuovo governo.

Nella quota proporzionale della Camera i DS registrarono una flessione e si fermarono al 16,57 %, mentre il PdCI arrivò appena all'1,67 %, non superando perciò lo sbarramento del 4 % previsto

---

282 I DS vi ebbero 7 ministri (Franco Bassanini, Pier Luigi Bersani, Giovanna Melandri, Piero Fassino, Cesare Salvi, Livia Turco, Vincenzo Visco) e 19 sottosegretari e il PdCI 2 ministri (Katia Belillo e Nerio Nesi) e 2 sottosegretari.

283 Oliviero Diliberto (n. 1956), docente universitario di Diritto Romano e deputato per quattro legislature, si iscrisse alla FGCI nel 1974. In seguito alla *svolta della Bolognina* passò al PRC per il quale diresse il settimanale *Liberazione* e fu capogruppo alla Camera. Contrario alla sfiducia al governo Prodi, aderì alla scissione che portò alla formazione del PdCI, di cui fu segretario dal 29-4-2000 al 19-7-2013.

284 La coalizione era composta da DS, La Margherita (cartello composto da I Democratici, PPI, RI, Udeur), Il Girasole (Federazione dei Verdi + SDI), PdCI, Repubblicani Europei, Sudtiroler Volkspartei, "Con Illy per Trieste", Partito Sardo d'Azione.

285 FI, AN, Lega Nord, CCD, CDU, PS-NPSI, PRI.

dalla legge[286]. Il suo II congresso (13-16 gennaio 2001) comunque riconfermerà Cossutta e Diliberto rispettivamente Presidente e Segretario del partito.

Quanto a Rifondazione Comunista, sempre più movimentista e arroccata nel suo orto massimalista, dopo lunghe trattative con l'*Ulivo*, decise di correre da sola nella quota proporzionale della Camera, ma non in quella uninominale, dove del resto non avrebbe conquistato alcun collegio, essendo i due schieramenti maggiori – Ulivo e CdL – assai più forti del PRC (Patto di *non belligeranza*); mentre invece al Senato si presentò come lista indipendente rispetto ai due schieramenti, A conti fatti, in tal modo "regalò" una quarantina di senatori al centro-destra. Alla fine ottenne il 5,03 % con 11 deputati e 4 senatori.

Duri anni di opposizione stavano davanti alla sinistra di tutte le scuole e sfumature, sovrastata anche dalla preponderante presenza della destra nel campo delle telecomunicazioni.

Contemporaneamente alle politiche si svolsero anche le amministrative, dove i DS ottennero un successo con l'elezione a sindaco di Roma del loro segretario, Walter Veltroni, che lascerà la guida del partito alla conclusione del II congresso dei DS (Pesaro,16-18 novembre 2001), nel quale si affrontarono tre mozioni.

La prima[287], favorevole ad una svolta a sinistra del partito, per renderlo *più riconoscibile* (34,1 %).

---

286 All'interno della lista dell'Ulivo ottenne comunque 9 deputati e 2 senatori.

287 Essa candidava alla segreteria Giovanni Berlinguer (fratello del noto *leader* Enrico, nonché parlamentare e docente universitario, ed era sostenuta da Fabio Mussi (leader della sinistra del partito), Sergio Cofferati (segretario generale della CGIL), Achille Occhetto (ex segretario del PCI e del PDS, dagli ex ministri Cesare Salvi e Giovanna Melandri. Per la convergenza di così diverse personalità lo schieramento fu definito dalla stampa *Il correntone*.

Piero Fassino

La seconda, che risulterà maggioritaria (61,8 %), sostanzialmente si poneva in continuità con la precedente attività di governo, anche se con un più accentuato riformismo[288].

L'ultima che rappresentava l'ala *liberal* (la destra) del partito, propugnava l'apertura ad altri riformismi di ascendenza laica e cattolica (4 %)[289].

Segretario fu eletto l'ex ministro Piero Fassino[290].

---

288 Proponeva come nuovo segretario Piero Fassino ed era sostenuta dall'ex segretario del PDS e dei DS Massimo D'Alema, dagli ex ministri Bassanini, Bersani e Visco e dal futuro Presidente della Repubblica Giorgio Napolitano.

289 Essa candidava alla segreteria del partito il suo leader Enrico Morando.

290 Piero Fassino (n. 1949), originario di una famiglia socialista, figlio di un comandante partigiano, nel 1968 si iscrisse alla FGCI, di cui poi divenne segretario. È stato consigliere comunale e provinciale di Torino, deputato per 5 legislature, ministro e membro della segreteria del PCI (1987-91). In seguito diverrà sindaco di Torino (2011-2016).

VIII. L'Unione

Sono del parere che la televisione rovina gli uomini politici, quando vi appaiono di frequente.

(Sandro Pertini)

Il ruolo di oppositore – si sa – è scomodo, per cui i DS e i loro alleati cercavano in ogni modo di liberarsene. E siccome ormai imperversava la personalizzazione della politica, cominciarono a cercare un leader che potesse rinvigorire il loro elettorato malcontento[291] e battere Berlusconi e la sua potenza mediatica. L'unico personaggio in grado di farlo era quello che già una volta aveva battuto il leader del centro-destra: Romano Prodi. Ma egli era in quel momento era impegnato nel suo ruolo di presidente della Commissione Europea e dunque esitava.

Nel frattempo i tre discendenti del PCI e cioè DS, PdCI e PRC, non potendo ignorare la pressione dei "movimenti" e dei "girotondi"; tentarono di ricucire con essi, in buona misura riuscendoci.

Il più deciso in questa direzione apparve il PRC, sempre più impegnato in una politica di pacifismo, *contro la guerra e il terrorismo.* E intanto il leader Bertinotti, nel mentre riconfermava le radici marxiste del partito, prendeva le distanze dallo stalinismo: (*lo stalinismo è incompatibile con il comunismo*) ed anche dal regime cubano[292].

---

291 L'episodio forse più significativo si verificò nel febbraio del 2002, quando, nel corso di una manifestazione a Roma, il regista Nanni Moretti lanciò una critica impietosa ai leader del centro-sinistra, di cui evidenziò la moderazione e il "buonismo" nei confronti del centro-destra.

292 Nell'aprile 2003 il PRC presentò una mozione di condanna del regime cubano per la fucilazione di 3 oppositori di destra. *La pena di morte* – disse Bertinotti – *va rifiutata senza se e senza ma.* I rapporti col regime castrista si guastarono, non senza dissensi all'interno del PRC.

I risultati di varie elezioni locali, svoltesi tra il 2002 e il 2003 sembrarono comunque confortare l'attivismo dei vari gruppi del centro-sinistra, mentre si avvicinavano le nuove elezioni politiche.

Un segnale di ricomposizione del centro-sinistra fu l'incontro del 6 marzo 2003 di tutti i leader dello schieramento, Bertinotti compreso, il quale un mese dopo precisò la sua posizione: *Siamo disponibili solo a un accordo di programma, non a riesumare vecchie formule come la desistenza.* Favorevoli ad un'intesa con l'Ulivo furono anche la Direzione Nazionale del PRC (21 sì e 5 no) e il suo CPN (68 sì, 14 no e 1 astenuto). I contrari erano gli appartenenti alla corrente di minoranza "Proposta per la Rifondazione Comunista", guidata da Marco Ferrando.

Nell'estate 2003, inoltre, Prodi si decise a scendere in campo e propose a tutti i partiti della coalizione di presentarsi alle ormai prossime elezioni europee del 12-13/6/2004 sotto un unico simbolo, quello dell'Ulivo, che per gli italiani significava *buon governo e cambiamento*. A questa proposta, però, si dichiararono contrari il PdCI, i Verdi e l'Udeur[293] e, ovviamente Rifondazione Comunista, avviata verso tutt'altre mete.

SINISTRAeuropea

Partito della Sinistra Europea

Già dalla fine del 2002 Bertinotti aveva, infatti, intrecciato colloqui con vari partiti comunisti e socialisti di sinistra europei per la fondazione di un Partito della Sinistra Europea, cosa che avvenne il 10 gennaio 2004 a Berlino. Il 9 maggio successivo lo stesso Bertinotti ne fu eletto presidente (2004-2007), nel corso del congresso di fondazione di Atene (8-9 maggio 2004).

Nello stesso anno dunque fu raggiunto un accordo fra i partiti dell'Ulivo che acconsentivano alla lista unica: DS, Margherita, SDI e Movimento

---

293 L'Unione Democratica per l'Europa (UDEUR) era un partito di centro cristiano fondato da Clemente mastella il 23 maggio 1999. Il 24 novembre 2013 confluirà in FI.

Repubblicani Europei (MRE)[294], che fu appunto annunciata nel febbraio 2004, col nome di "Uniti nell'Ulivo"[295].

I risultati comunque furono soddisfacenti per tutto il centro-sinistra: Uniti nell'Ulivo, lista prima classificata, ottenne il 31,00 % dei voti e 24 seggi su 78 (di cui 12 DS)[296]; il PdCI il 2,42 % (suo massimo storico) e 2 seggi; il PRC, in netta ripresa, il 6,06 % e 5 seggi.

Il successo era stato ottenuto anche nelle contemporanee elezioni amministrative, in cui i partiti di Uniti nell'Ulivo avevano ottenuto nel complesso il 34 %.

Finite le elezioni, Prodi propose di trasformare il cartello elettorale in "Federazione dell'Ulivo". Intanto il 12 ottobre 2004 la coalizione di centro-sinistra si allargò a Rifondazione Comunista e all'Italia dei Valori (IDV)[297], prendendo il nome di "Grande Alleanza Democratica" (GAD).

I DS affidarono la loro risposta sulla Federazione proposta da Prodi al loro III congresso (Roma, 3-5 febbraio 2005), nel quale furono presentate quattro mozioni.

La prima (79,10%), che aveva inglobato la corrente *liberal* ed era capeggiata da Fassino, era per l'adesione piena alla Federazione.

---

294 Il MRE nacque il 21-10-2001, in seguito alla scissione dell'ala sinistra del PRI, contraria all'adesione al centro-destra decisa dalla maggioranza repubblicana. Leader ne era Luciana Sbarbati.

295 La decisione causò il malumore del *Correntone* DS, che riteneva che la lista dividesse l'Ulivo (mancavano il PdCI e i Verdi), e spostasse il partito verso il centro.

296 Furono eletti, come indipendenti, anche i giornalisti Lilli Gruber (prima degli eletti) e Michele Santoro.

297 Italia dei Valori (IDV) fu fondata il 21 marzo 1998 dall'ex magistrato Antonio Di Pietro, uno dei protagonisti dell'indagine *Mani Pulite*. Dopo una breve permanenza all'interno de "I Democratici", il partito si ricostituì autonomamente il 27 aprile 2000.

La seconda (14,56 %) guidata da Fabio Mussi[298], era contraria e propugnava invece una linea che facesse dei DS il perno di un nuovo centro-sinistra, collocato tra l'aria centrista e quella radicale della coalizione.

La terza (3,98 %), diretta da Cesare Salvi [299], al posto della Federazione di Prodi, proponeva un'altra coalizione da farsi con PRC, PdCI e Verdi.

L'ultima (2,26%), infine, ispirata da Fulvia Bandoli[300], presentava un'impostazione di tipo ecologista. Alla conclusione il congresso fu vinto dalla corrente di Fassino, che fu riconfermato segretario e la proposta di aderire alla Federazione approvata[301].

Il 26 febbraio venne dunque siglata l'intesa che dava vita alla Federazione dell'Ulivo (FED). I DS vi ebbero 5 dei 12 componenti della presidenza[302]. Alcuni iscritti lasciarono i DS, non condividendone quello

---

298 Fabio Mussi (n. 1948), deputato per 5 legislature ed ex ministro, si iscrisse nel 1965 al PCI, nel cui Comitato Centrale entrò nel 1979. Per il PCI è stato segretario regionale della Calabria e condirettore de *l'Unità*. Aderì poi al PDS e ai DS, nei quali divenne leader del *correntone*. Contrario all'ingresso nel PD, lasciò i DS per costituire "Sinistra Democratica" (SD), che nel 2009 confluì in "Sinistra Ecologia Libertà".

299 Cesare Salvi (n. 1948), docente universitario di Diritto Privato, senatore per 5 legislature ed ex ministro del Lavoro, aderì al PCI nel 1971, per passare poi al PDS e ai DS. Contrario all'adesione al PD, fu cofondatore, assieme a Fabio Mussi, di **Sinistra Democratica**. Nel 2000 fondò **Sinistra 2000**. Nel 2009 fu eletto coordinatore della Federazione della Sinistra.

300 Fulvia Bandoli (n. 1952), laureata in Filosofia, è stata deputata per 4 legislature e leader della corrente ecologista dei DS. Nel 2005 aderì a Sinistra Democratica di Mussi e Salvi.

301 Il congresso decise anche, su proposta dell'ex leader socialista e laburista Valdo Spini, di modificare il simbolo del partito, inserendo, ai piedi della Quercia, la denominazione per esteso di "Partito del Socialismo Europeo".

302 Cinque i DS (Piero Fassino, Antonio Bassolino, Vannino Chiti, Massimo D'Alema, Anna Finocchiaro); quattro la Margherita (Francesco Rutelli, Dario Franceschini, Franco Marini, Arturo Parisi); due lo SDI (Enrico Boselli, Roberto Villetti); uno l'MRE (Luciana Sbarbati). Presidente Romano Prodi. Il Consiglio Federale era di 60 membri,

che consideravano un eccessivo spostamento al centro ed aderirono all'associazione politica **Il Cantiere**[303].

Il 10 febbraio 2005 La "Grande Alleanza Democratica" assunse la denominazione definitiva di L'Unione[304].

Il congresso del PRC (Venezia, 3-6 marzo 2005), uno dei più agitati[305] della sua storia, diede il via libera per la partecipazione al governo, in caso di vittoria de l'Unione.

L'Unione

Ma l'emorragia dei DS continuava. IL 10 aprile 2005 il deputato Pietro Folena (vicecoordinatore del *Correntone*) lasciò i DS e si iscrisse, come indipendente,al gruppo parlamentare di Rifondazione Comunista. Il 9 luglio successivo fonderà l'**Associazione Uniti a Sinistra (Uas)**, con lo scopo di promuovere la creazione di *un nuovo soggetto politico di una sinistra senza aggettivi*[306].

Alle successive elezioni regionali dell'aprile 2005 si raggiunse un accordo per presentare liste comuni di "Uniti nell'Ulivo" in 9 delle 14 regioni in cui

---

303 L'Associazione politica "Cantiere per il bene comune" era stata fondata il 6 novembre 2004, da Achille Occhetto (che aveva lasciato i DS). Vi aderivano Diego Novelli (ex segretario generale della CGIL), Paolo Sylos Labini (noto economista di sinistra) ed Elio Veltri (ex sindaco socialista di Pavia).

304 Vi aderivano: i DS, La Margherita, il PRC, il PdCI, l'IDV, lo SDI (cui poi si unirono i Radicali, con i quali formò "La rosa nel Pugno"), la Federazione dei Verdi, L'UDEUR, il MRE. In seguito si aggiunsero: i "Socialisti Uniti" di Bobo Craxi, il "Movimento della Democrazia Cristiana", il PSDI, i Democratici Cristiani Uniti (DCU), la "Lista Consumatori", la Sudtiroler Volkspartei (SVP), la "Lega per l'Autonomia-Alleanza Lombarda" (LAL), il Partito Democratico Meridionale (PDM), e la "Liga Fronte Veneto" (LFV).

305 Al congresso la mozione maggioritaria di Bertinotti fu contrastata da ben 4 correnti. Bertinotti fu poi rieletto segretario dal CPN con 143 sì, 85 no, 2 astenuti e 30 assenti.

306 Assieme a Folena erano il senatore indipendente dei Verdi Francesco Martone, l'ex PCI Antonello Falomi, i sindacalisti della CGIL Paolo Nerozzi, Enrico Panini, Carlo Podda e Gianni Rinaldini.

si sarebbe votato, mentre nelle restanti 5 i partiti si sarebbero presentati ciascuno col proprio simbolo[307].

L'Unione risultò vincente in 12 delle 14 regioni[308]. Poco tempo dopo Romano Prodi lanciò l'idea di elezioni primarie per scegliere il leader dell'Unione.

Esse si svolsero il 16 ottobre 2005, con la partecipazione di circa 4.300.000 elettori di centro-sinistra, che potevano scegliere tra sette candidati: Vinse Prodi col 74,1 % dei voti[309], diventando così il candidato *premier* della coalizione.

Alla fine del 2005 entrò in vigore una nuova legge elettorale proporzionale, ma con liste bloccate, voluta dal centro-destra, poi definita il *Porcellum* (la "porcata").

Il centro-sinistra vinse di misura le elezioni politiche del 9-10 aprile 2006. Alla Camera ottenne il 49,81 % e 340 seggi, contro il 49,74 % e 277 della CdL. Nell'ambito dell'Unione l'Ulivo (DS + Margherita + MRE) conseguì il 31,27 % e 220 deputati.

Al Senato, dove – sempre nell'ambito dell'Unione – DS e Margherita si erano presentati ciascuno con la propria lista, i DS ottennero il 17,50 % e 62 seggi (la Margherita il 10,73 % e 39 seggi).

La vittoria conseguita e il fatto che alla Camera l'Ulivo unito avesse ottenuto più di quanto avevano raggiunto DS e Margherita separatamente al Senato, rappresentò un forte incentivo per un'accelerazione verso la costituzione di un partito unitario, un grande "Partito Democratico". I due partiti costituirono gruppi unici nelle due Camere (gruppi dell'Ulivo).

---

307 Nella regione Puglia fu presentato, in seguito ad elezioni primarie dell'Unione, come candidato alla Presidenza Nichi Vendola del PRC, che risultò poi eletto e fu il primo Presidente di regione nella storia del PRC.

308 Lo SDI lasciò la Federazione dell'Ulivo in dissenso con la Margherita, per costituire, assieme ai Radicali, la Rosa nel Pugno (RnP).

309 Gli altri candidati erano: Fausto Bertinotti (PRC, 14,69 %), Clemente Mastella (UDEUR 4,56 %), Antonio Di Pietro (IDV 3,28 %), Alfonso Pecoraro Scanio (Verdi 2,22 %), Ivan Scalfarotto (ind. 0,62 %), Simona Panzino (ind. 0,48 %).

Il 15 maggio 2006 i DS coglieranno un nuovo grande successo con l'elezione al Quirinale di Giorgio Napolitano.

Franco Giordano

Il PdCI aumentò di molto i suoi voti rispetto alle elezioni del 2001 ed ottenne il 2,3 % e 16 deputati. Al Senato presentò una lista assieme ai Verdi e ai "Consumatori Uniti", denominata "Insieme con l'Unione", che raggiunse il 4,2% superando quasi ovunque lo sbarramento regionale del 3 % ed eleggendo 11 senatori, di cui 5 del PdCI, la cui Direzione approvò la costituzione di un gruppo unico al Senato con i Verdi[310].

Il maggior vantaggio in seggi lo conseguì Rifondazione Comunista, che alla Camera ottenne il 5,84 % e 41 seggi, confermando quindi la sua forza e al Senato addirittura il 7,37 % e 27 seggi.

Un altro successo fu colto con l'elezione (29-4-2006) di Fausto Bertinotti alla presidenza della Camera. In sua sostituzione, alla carica di segretario di Rifondazione Comunista il Comitato Politico Nazionale del partito elesse Franco Giordano[311].

---

310 Il 4 dicembre 2015 alcuni ex PdCI parteciparono alla fondazione dell'**Associazione Rossoverde** di Alessio D'Amato, cui successivamente si aggiunse l'ex senatore PdCI ed ex direttore de *La Rinascita della sinistra* Gianfranco Pagliarulo. Il quale, però, se ne staccò nel luglio 2006 per fondare l'associazione **Sinistra Rossoverde**, che successivamente si avvicinerà a **Sinistra per il Paese**, costituita il 7 marzo 2008.

Il 23 ottobre 2006 il senatore Fernando Rossi, contrario a votare il rifinanziamento delle missioni internazionali, lasciò il partito e decise di rappresentare in Senato i "Consumatori Uniti". L'anno dopo dopo divenne portavoce del Movimento Politico dei Cittadini. Nel 2008 fu cofondatore del movimento "Per il Bene Comune".

311 Franco Giordano (n. 1957) è stato deputato per 3 legislature. Nel 1974 si iscrisse al PCI, allo scioglimento del quale aderì a Rifondazione Comunista, nella cui Direzione entrò nel 1992, diventandone poi segretario nazionale

Non altrettanto bene però le cose andavano al suo interno dove la sua estrema sinistra trotskista, in particola la corrente "Progetto Comunista" guidata da Marco Ferrando scalpitava contro l'ingresso del partito nell'area governativa.

Una parte di questa, il 22 aprile 2006 lasciò il PRC e fondò un nuovo gruppo[312]: PC- ROL ("Progetto Comunista – Rifondare l'Opposizione dei Lavoratori"), in seguito divenuto **Partito di Alternativa Comunista (Pdac)**[313].

Il 18 giugno uscì anche il gruppo più consistente di "Progetto Comunista", capeggiato da Marco Ferrando, che formò il **Partito Comunista dei Lavoratori**[314].

Nel novembre 2006, infine, a scindersi dal PRC sarà il gruppo "Progetto Comunista – Area Programmatica", che poi prenderà il nome di **Associazione Unità Comunista.**

Questa la sua analisi impietosa sul PRC[315], *il quale oggi è non solo alleato, bensì parte integrante del governo dell'Unione, al punto di divenire principale sponsor politico di Romano Prodi.*

Con il VI Congresso la deriva governista è stata portata a termine: ne hanno fatto le spese i riferimenti ideali, i valori, la storia, e finanche la stessa composizione di classe del partito, il quale diviene ogni giorno di più terreno di conquista di burocrati ed arrivisti senza scrupoli, che nulla hanno mai avuto a che fare con il movimento comunista, e allo stesso tempo sempre più distante dai lavoratori e da chi è sfruttato; il conflitto

---

(2006-2008). Nel 2008 partecipò alla scissione che diede vita al Movimento per la Sinistra. Fu eletto segretario del PRC con 139 voti a favore, 7 a Ferrando, 47 schede bianche, 9 nulle.

312 Leader ne era Francesco Ricci. Il gruppo era avverso alla ipotizzata candidatura Ferrando al Senato, e lo accusava di essere entrato, assieme a Bertinotti, nella "gabbia" dell'Unione. La candidatura, però, non andò in porto.

313 Vedi sopra.

314 Vedi sopra.

315 Lettera del 25-11-2006.

capitale- lavoro è stato del tutto estirpato dal Dna del partito, e sostituito con un vago progressismo da salotto. Analoga fine è stata riservata ai valori della resistenza e dell'antimperialismo, sostituiti con i dogmi cristiani della nonviolenza e di uno sterile ed ipocrita pacifismo senza pace.

Di fronte a quella che essi consideravano una vera e propria mutazione genetica, agli scissionisti non restava che una cosa da fare: *con rammarico ma allo stesso tempo in maniera convinta ed irrevocabile, ci dichiariamo fin da ora estranei al nuovo soggetto politico, che nulla ha a che vedere con quell'idea di Rifondazione Comunista che ci spinse a fondare e a costruire il Prc non senza duri sacrifici, e quindi non rinnoveremo la nostra iscrizione al Prc-Sinistra Europea*[316].

Il 17 maggio 2006 nacque il II governo Prodi. Ai DS andarono 9 ministri[317], 5 viceministri e 23 sottosegretari.

Il PdCI dovette accontentarsi di 1 ministro[318] e 2 sottosegretari "d'area". Il 21 giugno suonò un campanello di allarme per il PdCI: le dimissioni da Presidente di Armando Cossutta, che diverrà sempre più critico verso il partito e i suoi dirigenti[319].

Quanto a Rifondazione Comunista, che entrava per la prima volta in un governo ebbe 1 ministro[320], 1 viceministro e 6 sottosegretari. Ma, fin da subito, anche per essa sorsero problemi di convivenza tra chi si batteva per una forte discontinuità col passato e chi invece preferiva gradualità e

---

316 I promotori del gruppo scissionista erano: Fabio Barone, Dario Calzavara, Fabio Cristiano, Peppe D'Alesio, Stefania Diliddo, Peppe Iannacchione, Luigi Izzo, Adele Fenizia, Salvatore Ferraro, Nadia Palumbio, Igor Papaleo, Antonio Pellilli, Peppe Raiola.

317 Massimo D'Alema (Vicepresidente e ministro degli Esteri), Pier Luigi Bersani, Valentino Chiti, Cesare Damiano, Giovanna Melandri, Fabio Mussi, Luigi Nicolais, Barbara Pollastrini, Livia Turco.

318 Alessandro Bianchi, noto urbanista, rettore dell'università *Mediterranea* di Reggio Calabria.

319 Il 21 aprile 2007 lascerà il partito.

320 Paolo Ferrero, alla Solidarietà Sociale.

moderazione. Inoltre il partito era combattuto tra la necessaria lealtà istituzionale, vista anche l'alta funzione assunta da Bertinotti e il legame con una base irrequieta e speranzosa di svolte molto incisive nell'azione di governo. Inoltre le minoranze interne continuavano a creare problemi, anche a livello di gruppi parlamentari, mentre addirittura nelle manifestazioni antigovernative intervenivano esponenti del PRC e del PdCI.

S'arrivò al punto che il 27 febbraio 2007 il Governo fu costretto a dimettersi per la mancata approvazione di una mozione di politica estera[321].

La crisi rientrò dopo qualche giorno, perché il Capo dello Stato respinse le dimissioni e il Parlamento riconfermò la fiducia a Prodi. Ma i problemi rimasero, primi fra tutti i nodi di politica estera, in particolare per quanto riguardava il finanziamento delle missioni militari all'estero, mal digerite dal PRC e dal PdCI.

Il 25 febbraio 2007 Bertinotti, dalle colonne di *Liberazione* aveva lanciato la proposta di riunire la sinistra, compreso – è un primo segnale di riavvicinamento – il PdCI, sotto un'unica sigla.

La proposta, probabilmente avanzata anche per superare le tensioni interne, ne creò di nuove, in quanto la parte della maggioranza più vicina a Giordano e una parte della minoranza, pur accettando il principio dell'unità a sinistra, si schierarono per una confederazione che evitasse lo scioglimento dei partiti esistenti[322].

_____

321 Durante la votazione il senatore Franco Turigliatto, leader della corrente "Sinistra Critica" del PRC era uscito polemicamente dall'aula. Per questo episodio fu sospeso dal partito per 2 anni. Ciò contribuì ad allargare le distanze tra maggioranza e minoranza interne del PRC. La mozione non fu votata neanche dal senatore Fernando Rossi (ex PdCI).

322 Una proposta analoga era stata fatta, poco tempo prima, dal segretario del PdCI Diliberto, secondo il quale occorreva *ristabilire un canale di dialogo continuo e cordiale tra Rifondazione e il PdCI* ; egli, infatti, riteneva che una delle cause di *fibrillazione della maggioranza* era stata *la competizione a sinistra*.

Ma la sconfitta alle elezioni amministrative[323] del maggio successivo, che portò il PRC intorno al 4 %, e l'umore sempre più critico della base indeboliranno molto la linea della maggioranza del PRC.

Anche all'interno dei DS le acque erano piuttosto agitate dal confronto tra coloro che erano favorevoli alla nascita del nuovo soggetto politico che avrebbe rimescolato tra loro la cultura socialdemocratica, quella cattolico-democratica e quella liberaldemocratica, nel costruendo Partito Democratico, e quelli che preferivano rimanere ben ancorati alla storia e alla cultura del socialismo europeo.

La discussione giunse al suo epilogo con il IV congresso dei DS (Firenze, 19-21 aprile 2007). In esso si fronteggiarono tre mozioni:

La più consistente (75,5 % dei votanti), intitolata *Per il Partito Democratico* riproponeva Fassino alla segreteria e giudicava ormai maturi i tempi per portare a compimento il processo di costruzione del Partito Democratico[324].

La seconda (15,1 %), intitolata *A Sinistra. Per il socialismo europeo*, candidava alla segreteria Fabio Mussi, sottolineava l'importanza della laicità e proponeva la nascita di una grande forza socialista di sinistra[325].

La terza mozione (9,4 %), presenta da Gavino Angius[326], intitolata. *Per un partito nuovo. Democratico e Socialista*, non presentava candidati alla

---

323 Buono, invece, il risultato del PdCI, che elesse Rosario Crocetta sindaco di Gela.

324 Tra i firmatari Massimo D'Alema, Pier Luigi Bersani, Giovanna Melandri, Livia Turco, Antonio Bassolino, Vasco Errani, Claudio Burlando.

325 Fra i firmatari Cesare Salvi e Valdo Spini, custode di quella parte della tradizione socialista a suo tempo confluita nei DS.

326 Gavino Angius (n. 1946), 3 volte senatore e 3 deputato, laureato in Scienze Politiche, pur contrario alla *svolta della Bolognina*, nel 1991 aderì al PDS e poi ai DS. Contrario alla confluenza dei DS nel PD, fu (2007) tra i fondatori di Sinistra Democratica, che poi lasciò per aderire alla Costituente Socialista (2-10-2007), da cui uscì dopo le elezioni politiche del 2008. Il 10-7-2009 entrò nel PD. La sua mozione era sostenuta anche da Mauro Zani, Alberto Nigra, Massimo Brutti, Franco Grillini, Sergio Gentili.

segreteria e si proponeva di operare perché il nuovo partito aderisse, con chiarezza e senza esitazioni, al Partito del Socialismo Europeo.

***

Simbolo di Sinistra Democratica per il Socialismo Europeo

L'assise diessina dovette registrare una frattura. Mussi annunciò, nel corso del congresso (20 aprile 2007) che la sua mozione non avrebbe aderito alla fase costituente del Partito Democratico. La stessa posizione assumerà qualche giorno dopo (24 aprile 2007) Gavino Angius[327].

Il 5 maggio fu dunque fondata dalla minoranza **Sinistra Democratica per il Socialismo Europeo (SD)**, cui subito aderirono 21 deputati e 12 senatori.

Lo scopo della nuova formazione era chiaro: aggregare la sinistra italiana e agganciarla al Partito del Socialismo Europeo (PSE).

***

Chiaro fino ad un certo punto, perché in quel periodo processi di aggregazione a sinistra ce n'erano in costruzione due: quello proposto da Bertinotti per unificare le forze a sinistra del costruendo Partito Democratico e quello lanciato da Enrico Boselli, segretario dello SDI, per una Costituente Socialista che mettesse fine alla diaspora socialista.

L'annuncio della prossima nascita del Partito Democratico, prevista per il prossimo ottobre, fece da incentivo per un'aggregazione delle forze che si collocavano alla sua sinistra.

---

327 Gavino Angius fu seguito però solo da una parte della sua corrente (Franco Grillini, Alberto Nigra).

Nel corso del IV congresso del PdCI (Rimini, 27-29 aprile 2007), intitolato *Più forti i comunisti, più forte l'unità della sinistra*, cui erano presenti i maggiori leader della sinistra che dichiaravano di condividere il progetto unitario, la presenza in sala di Bertinotti venne salutata calorosamente[328].

Il 3 maggio successivo Diliberto fu intervistato dall'organo del PRC *Liberazione*.

Il 31 maggio si incontrarono dunque i rappresentanti di quattro formazioni: PRC, PdCI, Verdi e Sinistra Democratica. A tale incontro segui', il 7 giugno seguente, la riunione congiunta dei parlamentari dei quattro partiti. La stampa battezzò quel qualcosa che si cominciava ad intravvedere la *Cosa Rossa*.

Ma Gavino Angius e Valdo Spini premevano in altra direzione: per la partecipazione di SD alla Costituente Socialista e in tal senso, il 31 agosto, pubblicarono, assieme a Enrico Boselli, un appello su *l'Unità* e *Il Riformista*.

Il 5 settembre la proposta fu presentata ufficialmente nell'assemblea del Comitato Promotore di Sd, in cui, su oltre 200 membri, ottenne appena 5 voti favorevoli e 5 astenuti.

Ai due non restò altro che costituire un proprio gruppo ("Democrazia e Socialismo")[329] con l'intento di partecipare alla Costituente Socialista[330].

Il 9 dicembre si riunirono gli "Stati generali della sinistra e degli ecologisti", che diedero vita a un'alleanza denominata **La Sinistra**

---

328 La linea di Diliberto fu approvata col 98,8 % dei voti. Al posto del dimissionario Cossutta fu eletto all'unanimità presidente il senatore Antonino Cuffaro (n. 1932), che lo rimarrà fino al 2013.

329 Vi aderirono anche il senatore Accursio Montalbano e i deputati Fabio Baratella e Franco Grillini.

330 Aderivano alla Costituente Socialista: lo SDI di Enrico Boselli, Robero Villetti, Ugo Intini e Gianfranco Schietroma, il PS di Gianni De Michelis, Mauro Del Bue e Alessandro Battilocchio, I Socialisti Italiani di Bobo Craxi e Saverio Zavettieri, Socialismo è Libertà di Rino Formica, Associazione "La Rosa nel Pugno" di Lanfranco Turci e, inoltre, l'ex deputato DS Roberto Barbieri, Cinzia Dato (ex DL), Luigi Angeletti (UIL). La Costituente Socialista darà vita al PS, poi PSI.

L'Arcobaleno[331]. La speranza del più giovane contraente, cioè SD, era che essa rappresentasse il punto di partenza dell'auspicata unità a sinistra[332].

Il logo non conteneva riferimenti alla tradizione comunista[333].

Ma l'avvenimento politico di maggior rilevanza, nell'estate 2007, era stato l'avvio della fase costituente che avrebbe dato vita al **Partito Democratico (PD).**

La Sinistra L'Arcobaleno

---

331 Con la vistosa eccezione dell'on. Marco Rizzo, molto critico *perché mancano la falce e il martello e perché non si è alternativi al PD*..Il 24-11-2007, in una lettera aperta a Diliberto, 24 membri del CC del PdCI chiesero di ritirare la delegazione del partito dal governo.

332 Il 14 dicembre 2007 vi aderì anche Achille Occhetto, ex segretario del PCI e del PDS.

333 Marco Rizzo, leader della sinistra del PdCI contestò la scelta di presentare un simbolo privo di falce e martello.

IX. Il Partito Democratico

Hanno così paura dei rossi che fanno fatica a guardare una Ferrari.

(Romano Prodi)

Nel corso dell'estate 2007 si svolsero i preliminari per la nascita del Partito democratico.

L'idea era nata sull'onda della legge elettorale prevalentemente maggioritaria che aveva portato a un sistema politico bipolare che rendeva concreta la possibilità di un'alternanza al governo tra destra e sinistra, con un centro ridotto e costretto a schierarsi con l'una o con l'altra, ma spesso decisivo.

Il sistema spingeva perciò all'aggregazione di forze omogenee, schierate nei due "poli" contrapposti, ma al loro interno assi diversificati. Tale prospettiva, inoltre, appariva in qualche modo come il punto d'arrivo di un cammino iniziato con l'idea del *compromesso storico*, a suo tempo lanciata da Enrico Berlinguer, che aveva trovato un interlocutore attento nel presidente della DC Aldo Moro.

Ad avere le idee chiare su come procedere concretamente per creare un polo di centro-sinistra coeso e proiettato verso una qualche forma di unità fu Romano Prodi, noto economista cattolico-progressista, che portò avanti il suo disegno unitario con tenacia e convinzione.

Egli voleva in qualche modo assimilare il sistema politico italiano a quello degli USA e della Gran Bretagna (dove però il bipolarismo dava già qualche segno di crisi, costringendo a volte conservatori e laburisti ad allearsi con i liberali per poter formare una maggioranza parlamentare, come era già accaduto in Germania).

L'idea appariva moderna ed utile per l'Italia, dove le crisi di governo abbondavano; ma non teneva adeguatamente conto del fatto che i tanti partiti italiani avevano profonde e diverse radici culturali ed ideologiche, molto forti e perciò difficili a morire: la cattolica, la comunista, la socialista, la liberale, la mazziniana, la nazionalista, l'autonomista.

Sicché, quando i processi[334] di aggregazione si avvicinavano alla meta, cominciavano i mugugni e le scissioni, a destra come a sinistra, piccole o grandi.

A cominciare dai DS, da cui si staccarono le correnti di sinistra di Mussi e di Angius, per creare "Sinistra Democratica". Nell'ambito del centro-sinistra la fusione tra gli ex comunisti del PDS/DS e i cattolici del PPI/Margherita creò uno schieramento compatto sul piano del riformismo sociale, ma assai diviso sui principi.

Inoltre gli ex comunisti, con l'abbraccio degli ex democristiani, persero ogni legame ideale, ed anche organizzativo con la socialdemocrazia europea, in cui avevano trovato rifugio dopo il crollo del comunismo. Il socialismo italiano, a differenza di quello europeo, ne uscì travolto, nonostante gli sforzi di buona volontà di Valdo Spini di iniettare dosi di socialismo all'interno dei DS, come dimostrava il voltafaccia di Sinistra Democratica, ufficialmente nata per garantire al socialismo europeo una presenza forte in Italia e poi corsa all'abbraccio con Bertinotti e Diliberto per navigare assieme verso la *Cosa Rossa*. Né riusciranno gli sforzi di Boselli e degli altri socialisti, rimasti fuori dal processo unitario, di creare qualcosa che andasse oltre la pura testimonianza,

L'altro contraente, la Margherita e, nel suo ambito la grossa componente cattolica, con la fusione coi DS, praticamente regalò la rappresentanza politica dei cattolici italiani all'unico raggruppamento che allora ad essi esplicitamente si richiamava, e cioè il Centro Cristiano Democratico (CCD).Ad un alleato, cioè, di Berlusconi.

Le tappe di formazione del Partito Democratico furono le seguenti:

---

334 Anche Berlusconi tentò un processo analogo, con la fondazione (23 marzo 2009) del Popolo della Libertà (PdL).

- Presentazione della lista "Uniti nell'Ulivo" (DS, Margherita, SDI, MRE) alle elezioni europee del 2004.

- Riconferma della stessa lista alle elezioni regionali del 2005, in 9 delle14 Regioni in cui si vota.

- Costituzione dell'Unione, una coalizione che comprendeva sia i partiti della Federazione dell'Ulivo (meno lo SDI) che le altre forze d'opposizione.

Elezioni "primarie" all'interno dell'Unione per scegliere il leader della coalizione e candidato premier della stessa. Appoggio della *Fed* alla candidatura Prodi, affermatasi col 74,1 % dei voti.

- Presentazione, alle politiche 2006 dei partiti dell'Ulivo in una lista unitaria alla Camera e loro decisione di proseguire verso il partito unico.

- Approvazione del congresso dei DS (19-21 aprile 2006) a larga maggioranza (75,5 %) della linea unitaria. Scissione dell'ala sinistra e conseguente fondazione di "Sinistra Democratica".

- 20-22 aprile 2007: pronunciamento compatto del congresso della Margherita per il partito unitario.

- Presentazione (23 maggio 2007) del "Comitato 14 ottobre", di 45 membri[335], rappresentativo di tutte le forze aderenti[336] al progettato partito, formato per definire le regole di svolgimento delle primarie per eleggere gli organi del costituendo Partito Democratico.

Per la carica di segretario furono presentate sette candidature[337].

---

335 Di questi 15 erano dei DS: Antonio Bassolino, Pier Luigi Bersani, Sergio Cofferati, Massimo D'Alema, Leonardo Domenici, Vasco Errani, Piero Fassino, Anna Finocchiaro, Vittoria Franco, Donata Gottardi, Maurizio Migliavacca, Enrico Morando, Barbara Pollastrini, Marina Sereni, Walter Veltroni.

336 Aderivano al Partito Democratico (PD): i DS, La Margherita, Il MRE, Alleanza Riformista (gruppo guidato da Ottaviano Del Turco, uscito dallo SDI) e indipendenti di varia estrazione politica.

337 Mario Adinolfi (0,17%), Rosy Bindi (12,83%), Pier Giorgio Gawronski (0,07%), Jacopo G. Schettini (lista apparentata a Gawronski), Enrico Letta (11,02%), Walter Veltroni (75,82 %).

Il 14 ottobre 2007 fu eletta l'Assemblea Costituente del **Partito Democratico (PD)**: la maggioranza (75,82 %) fu ottenuta dalle liste collegate a Walter Veltroni, che così divenne il primo segretario del PD. Il 27 ottobre successivo si ebbe la prima riunione dell'Assemblea Costituente, di 2858 componenti, che elessero a loro presidente Romano Prodi[338].

Successivamente, su impulso di Veltroni, fu messo in moto il processo organizzativo che avrebbe insediato gli organi regionali, provinciali e comunali del neonato partito, che così rapidamente si radicò in tutto il territorio nazionale.

Partito Democratico (PD)

La seconda riunione dell'Assemblea Costituente, tenutasi il 16 febbraio 2008, approvò lo Statuto, il Manifesto dei Valori[339] e il Codice Etico.

Il 21 novembre fu presentato il simbolo del partito, il cui tricolore richiamava col rosso i valori del socialismo, col verde la cultura laica e ambientalista, col bianco il solidarismo cattolico.

I mesi che seguirono la formazione del PD furono caratterizzati dai tentativi di *spallate* del centro-destra nei confronti del governo Prodi, mentre si cercava di approvare una legge elettorale che rafforzasse il sistema bipartitico, con lo scopo evidente di tenere fuori del Parlamento i partiti più piccoli.. La legge elettorale rimarrà però quella esistente (*Porcellum*), ma intanto Veltroni dichiarò che, qualunque legge elettorale ci fosse stata, il PD sarebbe corso da solo.

---

338 L'Assemblea nominò Dario Franceschini vicesegretario nazionale e Mauro Agostini tesoriere nazionale.

339 Dal Manifesto dei Valori: *Il Partito Democratico intende contribuire a costruire e consolidare, in Europa e nel mondo, un ampio campo riformista, europeista e di centro-sinistra, operando in un rapporto organico con le principali forze socialiste, democratiche, progressiste e promuovendone l'azione comune.*

Ciò aumentò le fibrillazioni in tutta l'area del centro-sinistra, in particolare nell'UDEUR e nello SDI, i quali, senza collegamento con il PD, difficilmente sarebbero riusciti a superare lo sbarramento del 4 % per la Camera e dell'8% per il Senato previsto dal *Porcellum* per le liste non collegate, mentre invece per le liste collegate ad una coalizione lo sbarramento era del 2 % per la Camera e del 3 % per il Senato.

Ma gli eventi precipitarono quando, il 21 gennaio 2008, l'UDEUR passò all'opposizione e il governo decise di porre la questione di fiducia. Al Senato il 24 gennaio successivo essa fu bocciata con 156 sì, 161 no e 1 astenuto, e il governo rassegnò le dimissioni. Scioglimento del Parlamento (6 febbraio 2008) ed elezioni anticipate furono inevitabili.

Poco dopo il PD decise di formare alleanze *esclusivamente su base programmatica*, praticamente escludendo così ogni ipotesi di alleanza con La Sinistra L'Arcobaleno, che si presentò dunque da sola, con Bertinotti candidato *premier*.

Al Partito Socialista, il più vicino a sé politicamente per la comune appartenenza al PSE, il PD veltroniano negò ogni apparentamento, mettendolo di fronte alla scelta di inserire qualche candidato nella propria lista, rinunciando così al suo simbolo, o di correre da solo, andando incontro ad una quasi certa esclusione dal Parlamento a causa dell'alto sbarramento. Questa insolita durezza sorprese gli osservatori politici. Ma l'apparentamento, che non era stato concesso ai socialisti, fu concordato senza problemi con l'Italia dei Valori[340]. Il PD giunse anche ad un accordo coi radicali che comportava l'inserimento di alcuni loro esponenti nelle liste del PD.

L'8 febbraio 2008 un gruppo di aderenti a Sinistra Democratica, capeggiato da Famiano Crucianelli[341], già molto critico con i vertici suo

---

340 Questo gesto di rozzo antisocialismo ricordava le velenose polemiche antisocialiste del PCdI dopo la scissione del 1921 ed anche l'aberrante dottrina del "socialfascismo". Il Partito Socialista correrà da solo con candidato *premier* il suo segretario Enrico Boselli.

341 Con lui erano Olga D'Antona, Paolo Neruzzi e Massimo Cialente.

partito, annunciò, sul quotidiano *Europa* (area PD) la sua uscita da SD e la sua propensione per il PD.

In seguito se ne aggiunsero altri, anche provenienti dalla sinistra radicale[342], che il 7 marzo 2008 fondarono l'associazione **Una sinistra per il Paese**, che il 14 giugno successivo si fuse con la sinistra del PD, creando così una più ampia sinistra interna che prenderà la denominazione di "A sinistra".

✱✱✱

Le elezioni del 13 e 14 aprile 2008 decretarono la vittoria della coalizione di centro-destra, guidata da Silvio Berlusconi, composta da Popolo della Libertà (PdL), Lega Nord e Movimento per l'Autonomia. Essa, con la maggioranza relativa dei voti (46,81 % alla Camera e 47,31 % al Senato), ottenne, in base alla legge allora vigente, la maggioranza assoluta dei seggi (344 alla Camera e 174 al Senato).

La coalizione di centro-sinistra guidata da Veltroni e composta da PD e IDV ottenne alla Camera il 37,55 % e 247 seggi e al Senato il 38 % e 133 seggi.

La Sinistra L'Arcobaleno ottenne il 3,12 % alla Camera e il 3,21 % al Senato e nessun seggio.

Il Partito Socialista ebbe lo 0, 98 % alla Camera e lo 0,86 % al Senato e nessun seggio.

Per la prima volta nella storia repubblicana nel Parlamento italiano non sedeva nessun componente che esplicitamente si dichiarasse socialista o comunista: il PD si era liberato di ogni concorrenza nell'ambito della sinistra.

Ma l'orologio della storia segnava l'ora del ritorno della destra.

---

342 Ad esempio l'ex ministro Alessandro Bianchi, a suo tempo indicato dal PdCI e l'ex senatore Gianfranco Pagliarulo.

X. Il ritorno della destra

Gli uomini politici sono uguali dappertutto. Promettono di costruire un ponte anche dove non c'è un fiume

(Nikita Krusciov)

Il crollo elettorale della lista La Sinistra L'Arcobaleno, stretta nella tenaglia del forte bipolarismo esploso fra Partito Democratico e Popolo della Libertà, rosicchiata ai fianchi da liste minori di sinistra radicale[343], fu causa di malcontento e di sbandamento nei partiti che l'avevano voluta. Ma nessuno fu sfiorato dal dubbio che il comunismo potesse essere obsoleto o addirittura inviso agli elettori, viste le cattive prove di sé che aveva dato laddove era stato al potere. Per loro non contò neppure il fatto che la maggioranza dei comunisti europei si fosse rifugiata fra le materne braccia della socialdemocrazia o mimetizzata in vaghi democraticismi dall'incerta bandiera.

Finite le elezioni, Bertinotti si affrettò a riconfermare il suo proposito di non volere incarichi di direzione e il segretario Giordano, il 19 aprile 2008, presentò le sue dimissioni al Comitato Politico Nazionale che, in attesa del VII congresso, affidò la guida del partito ad un Comitato di Gestione di 12 persone, con portavoce Maurizio Acerbo[344].

---

343 Partito Comunista dei Lavoratori di Marco Ferrando 0,57 %; Sinistra Critica di Flavia Angeli 0,45 %; Per il Bene Comune di Stefano Montanari 0,33 %.

344 Maurizio Acerbo (n. 1965), attivo nei movimenti studenteschi di fine anni '70, nel 1984 fu eletto segretario provinciale della FGCI di Pescara e nel 1990 consigliere comunale della stessa città. Dal 1991 nel PRC, fu eletto deputato nel 2006 e il 22-4-2017 diventò segretario nazionale del PRC.

Al VII congresso (Chianciano Terme, 24-27 luglio 2008), a contendersi la guida del PRC si presentarono ben cinque mozioni. Per la segreteria si scontrarono due candidature: quella di Nichi Vendola[345], presidente della Regione Puglia, propenso a proseguire nella costruzione di un soggetto unitario della sinistra e quella dell'ex ministro Paolo Ferrero, secondo cui occorreva ripartire dal progetto originario del PRC.

Paolo Ferrero

La mozione Vendola conseguì la maggioranza relativa, ma tutte le minoranze[346] si accordarono con quella di Paolo Ferrero, che il 27 luglio fu approvata col voto favorevole di 342 delegati su 646. Lo stesso giorno Paolo Ferrero fu eletto segretario dal CPN con 142 voti su 280.

Per lui votarono anche i trotskisti di FalceMartello. Per la prima volta la dirigenza bertinottiana si trovò relegata in minoranza.

***

Anche in casa PdCI le acque erano piuttosto agitate. Questo fu il secco commento di Diliberto sui risultati delle europee: *La sinistra, così com'è,*

345 Nicola (Nichi) Vendola (n. 1958), laureato in Lettere, nel 1972 si iscrisse alla FGCI. Sciolto il PCI aderì al PRC, dove rimase fino al 2009, quando lo lasciò a seguito della scissione del Movimento per la Sinistra, poi confluito in "Sinistra Ecologia Libertà", di cui fu eletto presidente e che poi, a sua volta, nel 2016, confluì in Sinistra Italiana (SI). È stato deputato per 5 legislature e Presidente della Regione Puglia (2006-2015).

346 Fra cui l' *Ernesto* (7,68 % dei voti congressuali) di Fosco Giannini, che nel 2007 si era separata da *Essere Comunisti* (ora anch'essa con Ferrero), essendosi quest'ultima, dopo la vittoria elettorale del 2006, avvicinata a Bertinotti e dichiarata disponibile ad accettare una federazione plurale della sinistra. *L'Ernesto* si era perciò scisso dalla corrente *Essere Comunisti* in quanto contrario ad aprire un dialogo coi "bertinottiani", considerati troppo aperti coi movimenti e troppo critici con le esperienze comuniste del passato. Mirava, invece, all'unità dei comunisti.

non va da nessuna parte. Dobbiamo ricominciare dalla falce e dal martello.

Sicuramente Marco Rizzo avrà pensato: *Gliel'avevo detto io.* La base era per la riunificazione tra PRC e PdCI. Occorreva, per lui, un partito alternativo al PD.

Il 18 aprile 2008 comunque Diliberto presentò le sue dimissioni alla Direzione Nazionale, che le respinse e Rizzo, l'unico ad accettarle, non perse l'occasione di ribadire le sue critiche.

Questa svolta a sinistra non piacque però all'ala destra[347] del PdCI, che non mancò di ricordare che la specificità del partito consisteva *nell'essere sinistra di governo con una cultura costituzionalista.* Per essa *la costituente o l'unità dei comunisti sono proposte che ci fanno fare un pericoloso passo indietro. I comunisti italiani devono impegnarsi per far nascere la sinistra senza aggettivi.*

Al Comitato Centrale del 7 e 8 giugno 2008 emersero dunque due documenti alternativi, su cui il congresso del PdCI, per la prima volta, sarebbe stato chiamato a pronunciarsi: quello della maggioranza *Ricostruire la sinistra. Cominciamo noi comunisti* e quello della minoranza *Una necessità per il paese: unire la sinistra*[348].

Nei pre-congressi locali il primo documento raccolse l'84,26 % dei voti e il secondo il 13,26 %. Astenuto il 2,48 % dei votanti.

Il V congresso straordinario (Salsomaggiore Terme, 18-20 luglio 2008) si concluse con una frattura fra le due linee, ma non ancora con una scissione. La minoranza però non volle entrare negli organismi centrali e, anzi, costituì una propria associazione "Unire la sinistra" per promuovere una "costituente di sinistra" assieme a Sinistra Democratica di Mussi e all'area del PRC che faceva capo a Nichi Vendola.

***

---

347 Katia Belillo, Umberto Guidoni, Luca Robotti.

348 Il 21 giugno 2008 lasciò il PdCI lo storico Nicola Tranfaglia (n. 1938). Il 1° ottobre successivo lo lasciò anche l'ex senatore e futuro Presidente della Regione Sicilia Rosario Crocetta (n. 1951).

Anche su Sinistra Democratica la sconfitta dell'alleanza arcobaleno ebbe le sue ripercussioni, anzitutto con le dimissioni di Mussi da coordinatore. Al suo posto venne eletto, il 10 maggio 2008, Claudio Fava [349].

L'Assemblea Nazionale del 27-29 giugno seguente si pronunciò per la ricostruzione di un nuovo centro-sinistra e per il riavviamento del processo unitario a sinistra ("Costituente di sinistra"). Il 19 luglio Mussi fu eletto presidente del movimento.

Claudio Fava

Sinistra Democratica, infatti, era contraria al progetto di Diliberto della "costituente comunista". Essa puntava piuttosto a un assembramento di sinistra che si collocasse tra la socialdemocrazia europea e la sinistra alternativa. *E quindi*, scrisse Fava in un articolo, *pieno rispetto per chi crede di rispondere a questo voto con la Costituente comunista. Noi scegliamo un'altra strada, che è quella di considerare una Costituente della sinistra, un modo intanto per ripensare profondamente al modo d'essere, di parlare e di agire di questa sinistra.*

Insomma, una visione politica che evocava un partito di sinistra che andasse oltre il comunismo, ma anche oltre il socialismo, che per Fava erano forse *tradizioni politiche concluse.*

Non così per Cesare Salvi, leader della corrente Sinistra 2000, che espresse il suo dissenso pubblicamente.

Comunque, come abbiamo visto, dai congressi del PRC e del PdCI, l'idea della "costituente di sinistra" era condivisa solo dalle minoranze di quei

---

349 Claudio Fava (n. 1957), laureato in Giurisprudenza e giornalista-scrittore, è stato deputato regionale in Sicilia, per deputato nazionale per due legislature e per altre 2 eurodeputato. È stato coordinatore nazionale di Sinistra Democratica, poi confluita in SEL. Nel 2015 aderì a Sinistra Italiana (SI).

partiti, le quali erano sostanzialmente d'accordo con l'impostazione di Mussi e Fava.

A settembre la rivalità interna al PRC esplose intorno alla questione del giornale del partito, *Liberazione*, la cui linea alla nuova dirigenza sembrava quasi una voce della minoranza vendoliana, ora denominata "Rifondazione per la Sinistra" (RPS). La rimozione del direttore[350], motivata con il calo di vendite, provocò le dimissioni di 25 dei 28 membri della Direzione appartenenti alla vendoliana RPS, che iniziò così un percorso che la porterà alla scissione vera e propria.
Infatti, il 21 gennaio 2009, Nichi Vendola annunciò, a titolo personale, la sua uscita dal PRC e il 24 seguente, a Chianciano, nel corso di un seminario della sua corrente RPS, si concretizzò la scissione, che diede vita al **Movimento per la Sinistra**[351].

L'8 febbraio 2009 l'intera associazione **Unire la sinistra** si scisse dal PdCI per aderire al nuovo soggetto politico che doveva nascere dalla "Costituente della sinistra".

Il PD non faceva eccezione al ribollio di cui era investita tutta la sinistra. Dopo la sconfitta alle elezioni regionali sarde (14-15 febbraio 2009)[352], Veltroni rassegnò le dimissioni dalla carica di Segretario. L'Assemblea Nazionale, riunitasi il 21 febbraio 2009 sotto la presidenza di Anna

---

350 Piero Sansonetti (n. 1951), non iscritto al PRC.

351 Oltre a Nichi Vendola, vi aderivano Franco Giordano, Gennaro Migliore, Alfonso Gianni. Rimasero, invece, nel PRC alcuni appartenenti a RPS: l'ex vicepresidente del Senato Milziade Caprili, il deputato europeo Giusto Catania e l'ex deputato Augusto Rocchi. Bertinotti dichiarò che non avrebbe rinnovato la tessera del PRC, ma che non avrebbe aderito al Movimento per la Sinistra, cui comunque guarderà con simpatia.

352 Il governatore uscente Renato Soru (PD) venne sconfitto da Ugo Cappellacci (PdL).

Finocchiaro[353], elesse nuovo segretario Dario Franceschini[354], con 1047 voti, mentre 92 andarono ad Arturo Parisi[355].

Il nuovo segretario si proponeva di rinnovare la dirigenza e di rinvigorire l'opposizione al Governo di centro-destra, anche in vista delle imminenti elezioni europee, fissate per il 6 e il 7 giugno 2009.

Dario Franceschini

L'opposizione di sinistra a tale appuntamento elettorale arrivò divisa in tre schieramenti[356], tutti col proposito di superare lo sbarramento del 4 % previsto dalla legge[357].

1 - Il PD si presentò da solo e registrò una flessione, anche rispetto alle elezioni politiche del 2006. Comunque raggiunse il 26,12 % dei voti ed elesse 21 deputati sui 77 spettanti all'Italia.

2 - Il 28 marzo 2009 era stato dato l'annuncio che si sarebbero presentati assieme, in un cartello elettorale noto come **Lista Comunista e Anticapitalista**, il PRC, ora guidato da Paolo Ferrero, il PdCI, con segretario Oliviero Diliberto, **Socialismo 2000** con Presidente Cesare

---

353 Romano Prodi si era dimesso dalla carica di presidente dell'Assemblea Nazionale del PD il 16-4-2008)

354 Dario Franceschini (n.1958), avvocato e scrittore, figlio di un partigiano cattolico, ha militato nella DC, nel PPI, nella Margherita e quindi nel PD, di cui è stato vicesegretario e segretario nazionale. È stato deputato per 4 legislature, sottosegretario e ministro.

355 Arturo Parisi (n.1940), dirigente dell'Azione Cattolica, professore universitario di Diritto Costituzionale, è stato leader de "I Democratici", aderendo infine al PD. È stato deputato per 4 legislature, sottosegretario e ministro.

356 Alle elezioni era presente anche una lista del Partito Comunista dei lavoratori (PCL), che ottenne solo lo 0,54 %, per cui con conseguì alcun seggio.

357 La soglia di sbarramento era stata inserita in seguito ad un recente accordo PD-PdL, probabilmente desiderosi di rastrellare voti nelle aree confinanti, manifestando con ciò tentazioni egemoniche.

Salvi, staccatosi da Sinistra Democratica di Fava (che sosteneva il superamento di comunismo e socialismo) e i "Consumatori Uniti"[358].

La lista venne poi appoggiata anche da Uniti a Sinistra di Pietro Folena, che vi candidò due suoi esponenti[359]. Il coordinamento della lista era formato da Diliberto, Ferrero e Salvi.

La lista, ufficialmente denominata "Rifondazione Comunista – Comunisti Italiani" ottenne il 3,39 % dei voti e nessun seggio, non avendo superato lo sbarramento del 4 %.

All'indomani della sconfitta fu rilanciato il progetto di aggregare stabilmente i partiti che avevano concorso a formare la lista, a cui aderì anche l' "Associazione 23 marzo- *Lavoro Solidarietà*", facente capo a Gian Paolo Patta (n. 1953) sindacalista della CGIL ed ex dirigente di Democrazia Proletaria.

***

Il 22 giugno la Commissione Nazionale di Garanzia del PdCI[360] espulse Marco Rizzo per il comportamento da lui tenuto nella campagna elettorale, durante la quale non aveva sostenuto, secondo la Commissione, la lista comunista

Il 3 luglio successivo fu dato l'annuncio della costituzione di un nuovo soggetto politico che appunto a Rizzo guardava: **Comunisti Sinistra Popolare**, nata *con l'obiettivo di ricomporre la sinistra, ripartendo da una presenza effettiva nei luoghi del conflitto sociale*. Precisò Rizzo: *serve una sinistra popolare, sempre con la falce e martello, che sappia riscaldare il cuore della nostra gente.*

---

358 I "Consumatori Uniti", guidati da Bruno De Vita, ne uscirono però qualche settimana dopo.

359 Il coordinatore nazionale Lucio Libonati e il consigliere regionale del Piemonte Enrico Moriconi. La lista ebbe l'"appoggio anche del Nuovo Partito d'Azione di Pino A. Quartana.

360 Il 7 luglio 2009 Diliberto si presentò dimissionario all'Ufficio Politico, ma le sue dimissioni furono respinte, tranne che da Marco Rizzo. Anche Ferrero presentò le dimissioni da segretario del PRC, ma il CPN le respinse.

In seguito la denominazione sarà modificata in **Partito Comunista –**
Sinistra Popolare e, il 17 gennaio 2014, in occasione del I Congresso
Nazionale, in **Partito Comunista**, con segretario Marco Rizzo[361].

Come dice il suo Statuto, *il Partito si fonda e si*
riconosce nel marxismo-leninismo e partecipa
alle elezioni[362] come strumento di propaganda,
rifiutando il riformismo e il revisionismo[363].

Sua organizzazione giovanile è il Fronte della
Gioventù Comunista, fondato nel 2012.

Il Partito Comunista fa parte dell' "Iniziativa dei
Partiti Comunisti e Operai d'Europa"[364].

Organo del PC è il giornale online *La Riscossa*.

Simbolo del Partito
Comunista di Marco Rizzo

***

Il 5 dicembre 2009, al teatro *Brancaccio* di Roma, nacque la **Federazione**
della Sinistra, di cui furono approvati un manifesto politico, lo Statuto e il
simbolo ufficiale.

Vi aderivano: il Partito della Rifondazione Comunista (PRC), il Partito dei
Comunisti Italiani (PdCI), che così ricomponevano la frattura avvenuta nel
1998, Socialismo 2000 e l'Associazione 23 marzo "Lavoro-Solidarietà".

---

361 Rizzo sarà riconfermato nella carica anche in seguito al II Congresso (Roma,
   21 gennaio 2017).

362 Il P.C. ha partecipato alle politiche2013 nella sola "Circoscrizione estero" e
   alle amministrative 2016 a Napoli, Roma, Parma e Torino, senza ottenere
   seggi.

363 Sue figure di riferimento sono Antonio Gramsci e Pietro Secchia.

364 Questa organizzazione internazionale, di cui fanno parte 29 partiti europei,
   è stata fondata a Bruxelles il 1° ottobre 2013, su iniziativa del Partito
   Comunista di Grecia (KKE), *per lo studio e lo sviluppo delle questioni*
   europee e il coordinamento delle loro attività.

**Simbolo della
Federazione della Sinistra**

Fu così avviata la fase costituente per il suo insediamento sul territorio e per l'eventuale inclusione di altre forze politiche interessate[365].

3 - Il terzo raggruppamento di sinistra che si presentò alle europee coinvolgeva Sinistra Democratica, il Movimento per la sinistra, fondato il 25 gennaio 2009 dall'ala vendoliana che si era staccata dal PRC e Unire la Sinistra, l'ex minoranza di destra del PdCI, da cui si era scissa l'8 febbraio 2009.

A questi gruppi si aggiunsero anche il PS e i Verdi, anch'essi desiderosi di superare la soglia di sbarramento e tutti insieme il 16 marzo 2009 presentarono il loro cartello elettorale[366], denominato **Sinistra e Libertà**, che però raggiunse solo il 3,13 %, non riuscendo perciò ad ottenere alcun seggio.

Nel luglio successivo i cinque alleati del cartello si incontrarono , per decidere in che modo continuare la loro collaborazione: o puntando a un partito unico o, piuttosto, come preferivano socialisti[367] e verdi, a una federazione.

---

365 Durante il I congresso delle Federazione della Sinistra (Roma, 20-21 novembre 2010) furono approvati il Documento Politico e il nuovo Statuto. In base al principio della rotazione portavoce fu eletto Oliviero Diliberto. Lo avevano preceduto nel ruolo Paolo Ferrero e Cesare Salvi. Lo seguirà Massimo Rossi (marzo 2001/nov. 2012).

366 Nelle lista erano presenti: Sinistra Democratica (27 candidature su 72), Movimento per la Sinistra (19), Partito Socialista (15), Federazione dei Verdi (8) e Unire la Sinistra (3).

367 Il 7-10-2009 il PS riassunse la storica denominazione di Partito Socialista Italiano (PSI).

Il 10 ottobre i Verdi lasciarono la coalizione[368], seguiti, il 14 novembre, dai socialisti.

Sinistra Ecologia e Libertà (SEL)

Di conseguenza, il 19 e 20 dicembre 2009 gli altri partner dell'ex coalizione tennero un'Assemblea Costituente per dar vita a un nuovo partito: **Sinistra Ecologia Libertà (SEL)**.Vi aderivano:

- Sinistra Democratica[369] (coordinatore Claudio Fava)
- Movimento per la Sinistra (*leader* Nichi Vendola)
- Unire la Sinistra (*leader* Umberto Guidoni[370])
- Associazione Ecologisti (leader la senatrice Loredana De Petris)

Vennero anche approvati lo Statuto e il simbolo.

Nichi Vendola

SEL si dichiarava convinta che a sinistra occorresse *un percorso nuovo*, portato avanti dal nuovo soggetto, i cui principi sarebbero stati: *pace e non violenza, lavoro e giustizia sociale, sapere e riconversione ecologica dell'economia e della società.*

Presidente fu eletto Nichi Vendola.

---

368 La decisione, presa dalla XXX Assemblea Nazionale dei Verdi, non fu però condivisa dalla minoranza, che si costituì in "Associazione Ecologisti", guidata da Loredana De Petris.

369 Sinistra Democratica fu sciolta ufficialmente il 24 aprile 2010, con deliberazione del proprio Consiglio Nazionale.

370 Umberto Guidoni (n.1954), astronauta ed astrofisico, laureato in Fisica e specializzato in Astrofisica, è stato parlamentare europeo. Lascerà l'attività politica nel 2013.

Pier Luigi Bersani

***

Intanto la Direzione del PD aveva fissato il nuovo congresso del partito per l'11 ottobre 2009 e le elezioni primarie per il nuovo segretario per il 25 dello stesso mese. I congressi dei circoli diedero la vittoria a Pier Luigi Bersani[371] col 55,13 % dei voti. La vittoria fu confermata anche alle primarie[372].

Dopo l'elezione di Bersani si verificò nel PD qualche defezione. Il 27 ottobre uscì dal partito l'ex segretario della margherita Francesco Rutelli, che l'11 novembre successivo fonderà un movimento di centro, l'Alleanza per l'Italia (API); il 17 aprile 2010 sarà la volta del MRE di Luciana Sbarbati[373].

Le elezioni amministrative del maggio 2011 segnarono una netta rivincita per il centro-sinistra, che conquistò la maggior parte dei Comuni chiamati alle urne e sette delle undici province in cui si votava.
Anche la Federazione della Sinistra (PRC-PdCI) registrò una crescita rispetto ai precedenti risultati.

Dal 28 al 30 ottobre 2011 si svolse a Rimini il VI congresso del PdCI sul tema *Ricostruire il Partito Comunista, unire la sinistra, battere le destre.*

---

371 Pier Luigi Bersani (n.1951), laureato in Filosofia, già militante del PCI, è stato Presidente della Regione Emilia-Romagna (1993-1996), deputato per 4 legislature, europarlamentare per 1, ministro. È stato inoltre segretario del PD dal 2009 al 2013. Nel 2017, lasciato il PD, è stato uno dei fondatori del Movimento Democratico Progressista (MDP).
372 Gli altri due candidati ottennero: Dario Franceschini il 36,95 % e Ignazio Marino il 7,92 %.
373 Nel febbraio 2011 rientrerà nel PRI.

Punto centrale strategico del congresso fu la necessità di perseguire l'unità dei comunisti, per cui fu lanciato un appello al PRC, affinché i due partiti convergessero su alcuni punti ritenuti essenziali: il "centralismo democratico", i collegamenti col movimento comunista degli altri Paesi e l'unità della sinistra.

Per quanto riguarda la tattica da adottare nella politica quotidiana fu proposta la *teoria dei tre cerchi concentrici*: Unità democratica col centro-sinistra per battere le destre; unità della sinistra nell'ambito del centro-sinistra; unità dei comunisti.

Nel corso del Congresso aderì al PdCI la corrente marxista-leninista dell'**Ernesto**, che il 6 febbraio 2011 aveva lasciato il PRC[374], dopo aver raccolto mille firme sull'appello *Ricostruire il partito comunista*.

Il 12 novembre 2011, il Presidente del Consiglio Berlusconi, prendendo atto di non avere più la maggioranza alla Camera[375], rassegnò le dimissioni sue e del governo. Il 13 successivo si insediò un governo "tecnico", presieduto dal prof. Mario Monti[376].

Il PD non gli fece mancare il suo appoggio

Quando si verificarono questi fatti era già iniziata la fase precongressuale del PRC, il cui VIII

Congresso era stato convocato a Napoli dal 2 al 4 dicembre 2011.

Erano stati presentati tre documenti:

1 – *Unire la sinistra d'alternativa, uscire dal capitalismo in crisi*, frutto della convergenza di più aree interne al partito, fra cui quella del

---

374 La corrente prendeva nome dall'omonima rivista fondata nel 1993 dal Comitato Regionale del Piemonte del PRC e chiusa nel 2011. Il riferimento era ad Ernesto Che Guevara. Essa era guidata dall'ex senatore Fosco Giannini (n. 1952), che successivamente diventerà un dirigente del nuovo PCI, nato nel 2016 dalla fusione tra il PdCI e dissidenti del PRC.

375 La maggioranza, che ad inizio legislatura era di 343 deputati su 630, nel novembre 2011 era scesa a 312 deputati,

376 Il prof. Mario Monti (n. 1943), ex presidente dell'Università *Bocconi* di Milano ed ex Commissario Europeo, era stato nominato da poco (9-11-2011) senatore a vita dal Presidente della Repubblica Giorgio Napolitano.

segretario Paolo Ferrero (81,29 %), la quale proponeva un accordo elettorale con il centro-sinistra, per battere la destra e far rientrare in Parlamento i comunisti, senza però fare accordi politici o di governo.

2 – *Per il partito di classe*, favorevole alla creazione di uno schieramento che rappresentasse gli interessi della classe lavoratrice, completamente autonomo dal centro-sinistra (13,39%).

3 – *Comunisti per l'opposizione di classe e l'alternativa di sistema. Contro le destre, alternativi al centro-sinistra e fuori dai diktat della banca centrale europea*, la quale proponeva l'unità dei comunisti per creare un'alternativa al centro-sinistra (5,32 %).

Il PRC si schierò decisamente all'opposizione del governo Monti: opposizione extraparlamentare, non essendo più il PRC rappresentato in Parlamento.

Segretario fu riconfermato Ferrero, che così riassunse le conclusioni del Congresso: *Noi dobbiamo costruire proposte alternative: l'opposizione al governo Monti va fatta controproponendo ad ogni cosa che propone Monti un'altra possibilità.*

XI. Il ritorno della sinistra

Un politico non deve farsi illusioni, ma deve essere in grado di crearne.

(Roberto Gervaso)

Intanto si avvicinavano le nuove elezioni politiche del 24 e 25 febbraio 2013 e le varie forze politiche si preparavano ad affrontarle. Nell'ambito del centro sinistra fu raggiunto un accordo tra il PD, SEL e il PSI, che fu ufficializzato il 13 ottobre 2012 mediante la presentazione di una *Carta d'intenti* della nuova coalizione, denominata **Italia. Bene Comune.**
Il 28 dicembre 2012 alla coalizione si aggiunse anche il Centro Democratico[377]. Di essa facevano inoltre parte anche partiti e movimenti di carattere regionale[378].
Furono anche indette elezioni primarie a doppio turno (25 novembre e 2 dicembre 2012), per la scelta del candidato *premier* della coalizione.
Alla fine prevalse Pier Luigi Bersani che al secondo turno ottenne il 60,9 % dei consensi[379].

---

377 Tale partito fu costituito in seguito ad un'iniziativa di Bruno Tabacci, leader di "Italia Concreta" ed assessore al Comune di Milano e di Massimo Donati, uscito, assieme ad altri, per contrasti con Antonio Di Pietro, da IDV.

378 Ad esempio il PATT (Partito Autonomista Trentino Tirolese) e la SVP (Sudtiroler Volkspartei) per il Trentino-Alto Adige e il "Megafono-Lista Crocetta" per la Sicilia.

379 Al primo turno nessuno aveva superato il 50 % dei voti, necessario per essere nominato. I candidati erano: Pier Luigi Bersani (PD), Laura Puppato (PD), Matteo Renzi (PD), Bruno Tabacci (CD) e Nichi Vendola (SEL). Il secondo turno si svolse fra i primi due classificati: Pier Luigi Bersani (60,9 %) e Matteo Renzi (39,1 %).

Proprio sulle primarie del centro-sinistra avvenne la divaricazione tra il PRC e il PdCI. Il PRC si sentiva lontano dalle posizioni del centro-sinistra e non vi partecipò. Il PdCI, invece, vi prese parte, sostenendo Nichi Vendola al primo turno e Pier Luigi Bersani al ballottaggio, lasciando perciò intendere che un'intesa col centro-sinistra era possibile. Anche se poi non se ne fece nulla, ciò bastò a mettere in crisi la Federazione della Sinistra[380].

Tuttavia gli avvenimenti di fine 2012 porteranno entrambi i partiti comunisti a convergere sul medesimo candidato.

Rivoluzione civile - Ingroia

Il 17 dicembre 2012, infatti, alcune note personalità di sinistra, Antonio Ingroia[381], Luigi De Magistris[382], Orazio Licandro[383] e Leoluca Orlando[384], lanciarono un manifesto programmatico (*Io ci sto*) in dieci punti, allo scopo di confrontarsi col PD, per entrare nella coalizione di centro-sinistra (Italia. Bene Comune). L'accordo si rivelò non realizzabile, per cui i promotori decisero (29-12-2012) di presentare un proprio cartello elettorale, denominato **Rivoluzione Civile**, con candidato *premier* Antonio Ingroia e con proprio simbolo.

---

380 Tuttavia essa sarà ripresentata nel 2013 in alcune elezioni locali e, nel 2014, alle elezioni regionali sarde.

381 Antonio Ingroia (n.1958), ex magistrato, è avvocato e giornalista.

382 Luigi De Magistris (n 1967), ex magistrato ed ex europarlamentare (IDV), è il leader del Movimento Arancione. Attualmente è sindaco di Napoli.

383 Orazio Licandro (n.1962), ex deputato, è docente universitario di Diritto romano ed Epigrafia e Papirologia.

384 Leoluca Orlando (n.1947), ex parlamentare regionale, nazionale ed europeo, è stato fondatore de La Rete (nel 1999 confluita ne "I Democratici"). Nel 2011 ha fondato "La Rete 2018". Attualmente è (per la quinta volta) sindaco di Palermo.

Al cartello aderirono vari gruppi di sinistra[385], fra cui il Partito della Rifondazione Comunista (guidato da Paolo Ferrero)[386] e il Partito dei Comunisti Italiani (con *leader* Oliviero Diliberto).

Il centro-destra, ancora guidato da Silvio Berlusconi, si presentò sostanzialmente unito, pur con varie liste: PdL, Lega Nord, Fratelli d'Italia[387] ed altre.

Una coalizione di centro ("Con Monti per l'Italia") era guidata dal *premier* uscente Mario Monti.

Un nuovo soggetto politico, guidato da Beppe Grillo[388], si affacciò alla ribalta della politica nazionale: il Movimento 5 Stelle (M5S)..

I risultati, per il meccanismo della legge elettorale che al Senato assegnava il premio di maggioranza su base regionale e non nazionale, come per la Camera, furono contraddittori.

La coalizione di centro-sinistra ("Italia. Bene Comune"), guidata da Bersani, risultò (grazie al premio di maggioranza) vittoriosa di misura alla

---

385 Aderirono al cartello elettorale "Rivoluzione Civile" anche La lista "Azione Civile" di Antonio Ingroia, la Federazione dei Verdi, guidata da Angelo Bonelli, Italia dei Valori di Antonio Di Pietro, La Rete 2018 di Leoluca Orlando, il Movimento Arancione di Luigi De Magistris e il Nuovo Partito d'Azione, guidato da Pino Quartana.

386 La lista ebbe anche il sostegno di Fausto Bertinotti.

387 Fratelli d'Italia-Centrodestra Nazionale (FdI-CN) è un partito politico nato nel 2013 da una scissione del PdL, promossa dalle componenti facenti capo a Ignazio La Russa e a Giorgia Meloni. È però rimasto nell'alleanza di centro-destra.

388 Beppe Grillo (n.1948), comico e politico, e Gianroberto Casaleggio (1944-2016), imprenditore e politico, sono stati i fondatori del Movimento 5 stelle.

Camera, dove ottenne il 29,55% dei voti[389] e complessivamente 345 deputati su 630, quindi la maggioranza assoluta[390].

Diversamente andarono le cose al Senato, dove il centro-sinistra ottenne solo la maggioranza relativa, avendo conseguito il 31,63% dei voti e 123 seggi complessivi su 315 senatori elettivi[391].

Ancora più deludenti furono i risultati per la coalizione di sinistra ("Rivoluzione Civile"), la quale non riuscì a superare le soglie di sbarramento previste dalla legge elettorale, avendo ottenuto solo il 2,25% alla Camera e l'1,79% al Senato, e dunque rimase senza rappresentanza parlamentare[392].

Contestualmente alle politiche si tennero anche le elezioni regionali in Lombardia, dove vinse il centro-destra, in Lazio e in Molise, dove invece prevalse il centro-sinistra.

Il PRC e il PdCI, presentatisi in coalizioni di sinistra non vi conseguirono alcun seggio, tranne uno il PdCI, in Molise, dove si era presentato con il proprio simbolo, ottenendo il 3,28 %.

In seguito ai risultati Oliviero Diliberto si dimise da segretario nazionale del PdCI. La crisi del PdCI fu evidenziata anche, nel maggio successivo, da un appello, "A sinistra per l'Italia e il lavoro", firmato da 137 suoi esponenti[393], nel quale, constatato che *lo schieramento progressista non*

---

389 Il PD, nell'ambito della coalizione, alla Camera ebbe il 25,43 % e 297 seggi; SEL il 3,10 % e 37 seggi. Al Senato il PD ottenne il 27,43 % e 109 senatori; SEL il 2,97% e 7 senatori. Alla presidenza del Senato fu eletto Pietro Grasso (PD) e a quella della Camera Laura Boldrini (SEL).

390 Alla Camera il centro-destra conseguì il 29,18 % e 125 seggi complessivi, il Movimento 5 Stelle il 25,56% (105 seggi) e il Centro il 10,56 % (47 seggi).

391 Al Senato il centro-destra ottenne il 30,72 % (117 seggi), il Movimento 5 stelle il 23,79 % (54 seggi) e il centro il 9,13 % (19 seggi).

392 Alle elezioni partecipò, con propria lista, anche il Partito Comunista dei Lavoratori (PCL) di Marco Ferrando, che ottenne lo 0,26 % alla Camera e lo 0,37 % al Senato e nessun seggio.

393 Fra essi il responsabile dell'organizzazione Francesco Francescaglia, il coordinatore della FGCI Flavio Azzarello e il suo predecessore Riccardo Messina.

è uscito vincitore dalle elezioni e quel centrosinistra si è suicidato –
tradendo la domanda di cambiamento del suo popolo – per dare vita ad
un governo con le destre[394] *che, ancora una volta, rimette in gioco*
Berlusconi, è ritenuto necessario e urgente costruire un grande e nuovo
soggetto politico della sinistra, che si ponga l'obiettivo strategico del
governo per cambiare l'Italia insieme alle forze progressiste in un nuovo
centrosinistra. È il preludio ad un'emorragia strisciante che metterà in
crisi anzitutto la FGCI[395], tanto che il segretario uscente Diliberto
nell'imminente congresso del PdCI, ne proporrà lo scioglimento.

Anche l'intera segreteria del PRC presentò le dimissioni, che però furono
respinte dal Comitato Politico Nazionale del 9-10 marzo 2013.

La coalizione "Rivoluzione Civile" sarà sciolta ufficialmente il 2 maggio
2013.

Il 22 marzo 2013 il presidente della Repubblica Napolitano conferì
a Bersani, nella sua qualità di leader della coalizione prima classificata,
l'incarico di formare il nuovo Governo. Ma Bersani, pur avendo una
maggioranza solida alla Camera, non trovò i numeri necessari al Senato e
fu costretto a rinunciare (28-3-2013).

Il 30 marzo il presidente Napolitano, ormai alla fine del suo mandato e
perciò impossibilitato a sciogliere il Parlamento, decise di formare due
gruppi di lavoro per cercare di individuare una soluzione alla crisi di
governo.

Intanto, dal 18 aprile, cioè un mese prima della scadenza del mandato del
Presidente, si riunì il Parlamento in seduta comune, più i delegati delle
Regioni, per l'elezione del nuovo Capo dello Stato.

Il PD, partito di maggioranza relativa, indicò dapprima la prestigiosa
figura di Franco Marini, ex segretario della CISL e del PPI ed ex Presidente
del Senato, che però non riuscì ad essere eletto. L'assemblea dei delegati

---

394 Il governo Letta (vedi sotto).

395 Il 17 luglio 2013, poco prima del congresso, la cui impostazione non
condividevano, 7 membri su 9 della segreteria della FGCI si erano dimessi
dall'incarico.

del PD indicò dunque, all'unanimità, la sua personalità più illustre, il prof. Romano Prodi, che neppure fu eletto, anche perché ottenne, alla quarta votazione, nonostante fosse richiesto un *quorum* inferiore rispetto a quello delle prime tre votazioni, solo 395 voti dei 504 necessari per l'elezione (19-4-2013).

Fu calcolato che gli erano venuti a mancare ben 101 voti del Partito Democratico, nonostante la designazione unanime. L'amarezza per le trame mai chiarite di questo inaspettato risultato indussero alle dimissioni dalle rispettive cariche sia la presidente del PD, Rosy Bindi, che il segretario Pier Luigi Bersani, il quale dichiarò che avrebbe resa esecutiva la sua decisione appena eletto il nuovo Presidente.

La crisi in cui l'Italia, senza governo e senza un Presidente con la pienezza dei poteri, rischiava di impelagarsi, indussero vari gruppi politici di diversa collocazione a chiedere al presidente Napolitano di accettare un secondo mandato. Questi fu eletto (20 aprile 2013), alla sesta votazione, con 739 voti su 997 votanti dei 1007 aventi diritto. È stato il primo ex comunista a ricoprire quella carica e il primo ad averla esercitata per due mandati.

Il 24 aprile successivo conferì l'incarico di formare il nuovo governo a Enrico Letta, vicesegretario del PD[396].

Letta formò un governo di "grande coalizione", con la partecipazione di PD, PdL e Scelta Civica (centristi di Monti). Il PD vi partecipò con 8 ministri[397], 5 viceministri e 12 sottosegretari. SEL, già alleata del PD nella coalizione "Italia. Bene Comune", passò invece all'opposizione.

---

396 Enrico Letta (n. 1966), deputato, già parlamentare europeo, sottosegretario, ministro e vicesegretario del PD, proveniva dalla Margherita. Caduto il suo governo (14 febbraio 2014), lascerà (9 giugno 2015) anche il seggio di deputato, per dedicarsi all'insegnamento universitario.

397 Massimo Bray, Maria Chiara Carrozza, Graziano Delrio, Dario Franceschini, Cécile Kyenge, Andrea Orlando, Carlo Trigilia, Flavio Zanonato.

Guglielmo Epifani

Cesare Procaccini

Essendo divenute operative le dimissioni di Bersani l'11 maggio 2013 l'Assemblea del Partito Democratico elesse segretario provvisorio Guglielmo Epifani[398], con 458 voti su 534 (85,8 %).

Dal 19 al 21 luglio 2013 si svolse, a Chianciano Terme, il VII congresso del PdCI, sul tema *Ricostruire il partito comunista, unire la sinistra, attuare il programma della Costituzione.*

Il Comitato Centrale che ne uscì elesse poi nuovo segretario generale del Partito Cesare Procaccini[399].

Dal 6 all'8 dicembre 2013 ebbe luogo a Perugia il IX Congresso del PRC, già provato dalla recente scissione di *Contro*Corrente (15-10-2013)[400], sul tema *Scrivi il tuo futuro.* Il congresso ritenne di *avviare un processo costituente, dal basso e democratico, della sinistra alternativa, che sappia costruire l'alternativa contro questa Europa (disobbedienza ai trattati), le politiche di austerity e il governo Letta.* Auspicava, inoltre (ancora una volta!) *un processo di aggregazione della sinistra, autonomo*

---

398 Guglielmo Epifani (n.1950), laureato in Filosofia, politico e sindacalista, deputato, già iscritto al PSI e ai DS, è stato segretario della CGIL (2002-2010) e del PD (2013). Nel 2017, in dissenso con la linea di Matteo Renzi, ha aderito al Movimento Democratico e Progressista.

399 Cesare Procaccini (n.1953), operaio metalmeccanico proveniente dal PRC, è stato, per tre legislature, consigliere nella Regione Marche. Dal 2014 al 2016 è segretario del Partito Comunista d'Italia, in cui è confluito il PdCI (che il 26-6-2016 è a sua volta confluito nel nuovo PCI). Presidente del PdCI fu eletto Antonio Cuffaro.

400 Vedi sopra.

ed alternativo al centro sinistra e a quel PD che è ormai diventato un partito moderato.

Successivamente (12 gennaio 2014) il Comitato Politico Nazionale scaturito dal congresso rielesse segretario Paolo Ferrero, con 67 voti su 147, con 54 astenuti, 7 schede bianche, mentre 19 voti andarono ad un'altra candidata, Arianna Ussi. Venne eletta anche una segreteria, composta quasi interamente di persone vicine a Ferrero.

Intanto anche nel PD si erano verificati importanti avvenimenti. Già dal 15 ottobre 2013 si conoscevano i nomi di coloro che avrebbero partecipato alle *primarie* per l'elezione del nuovo segretario del partito e della nuova Assemblea Nazionale. I congressi dei circoli per il voto fra gli iscritti si svolsero dal 7 al 17 novembre 2013, fra quattro candidati, ciascuno dei quali presentò una propria mozione:

1 – Il sindaco di Firenze Matteo Renzi[401], sostenuto, oltre che da coloro che lo avevano appoggiato alle primarie del 2012 (quando era stato battuto da Pier Luigi Bersani), anche dai "veltroniani", dalla corrente del ministro Franceschini "Area Democratica" e da alcuni esponenti vicini al *premier* Enrico Letta. Al primo turno ottenne il 45,34 % dei voti, classificandosi primo fra gli aspiranti alla carica.

2 – Il deputato Gianni Cuperlo[402], appoggiato dagli esponenti dell'area socialdemocratica del partito, fra cui l'ex *premier* Massimo D'Alema e l'ex segretario Pier luigi Bersani, ed anche da autorevoli ex popolari come l'ex presidente del Senato Franco Marini. Egli ottenne il 39,44 % dei voti.

---

401 Matteo Renzi (n.1975), laureato in giurisprudenza, nel 1996 aderì al PPI, col quale confluì nella Margherita e con questa nel PD. È stato presidente della Provincia di Firenze (2004-2009), sindaco di Firenze (2009-2014), Presidente del Consiglio e segretario del PD. Fu soprannominato *il rottamatore*, in quanto auspicava la "rottamazione senza incentivi", cioè l'accantonamento, dei dirigenti da troppo tempo del PD.

402 Gianni Cuperlo (n.1961), laureato in "Discipline delle arti, musica e spettacolo", è stato l'ultimo segretario della FGCI e il primo della "Sinistra Giovanile" del PDS (1988-1992), col quale aderì ai DS e quindi al PD. È uno dei *leader* della minoranza di sinistra del PD.

3 – Il deputato Giuseppe Civati, sostenuto da vari esponenti della sinistra del partito. Raggiunse il 9,43 %.

4 - L'europarlamentare Gianni Pittella[403], sostenuto, fra gli altri,dall'ex segretario nazionale della UIL e del PSI, Giorgio Benvenuto. Raggiunse il 5,80 %.

Matteo Renzi

Dalle *primarie* vere e proprie, aperte agli elettori, limitate ai primi tre classificati, che si sarebbero svolte l'8 dicembre 2013, fu dunque escluso Gianni Pittella, che il 23/11 annunciò il suo sostegno a Renzi.

I 2.814.881 partecipanti alle elezioni assegnarono la vittoria a Matteo Renzi col 67,55 %, seguito da Cuperlo col 18,21 % e da Civati col 14,24 %.

Renzi fu dunque proclamato segretario dalla nuova Assemblea Nazionale, il 15 dicembre 2013. La quale, lo stesso giorno, elesse Gianni Cuperlo suo presidente.

Lo stesso giorno si concluse il IV congresso del Partito della Sinistra Europea[404] (Madrid, 13-15 dicembre 2013) che adottò la decisione di candidare Alexis Tsipras[405] alla presidenza della Commissione Europea, in vista delle elezioni europee del 25 maggio 2014.

---

403 Gianni Pittella (n.1958), laureato in Medicina e Chirurgia, già iscritto al PSI e poi alla Federazione Laburista, con cui è confluito nei DS e con questi nel PD, è stato consigliere della Regione Basilicata e deputato nazionale. È deputato al Parlamento Europeo e, dal 2014, capogruppo dell'Alleanza Progressista dei Socialisti e dei democratici (S&D).

404 Il Partito della Sinistra Europea è un'organizzazione di partiti comunisti, socialisti di sinistra e rosso-verdi europei, fondata a Roma l'8 maggio 2004. Suo primo presidente fu l'italiano Fausto Bertinotti (2004-2007), seguito dal tedesco Lothar Bisky (2007-2010), dal francese Pierre Laurent (2010-2016) e dal tedesco Gregor Cysi (dal 2016 a oggi). Per l'Italia ne fa parte il PRC.

405 Alexis Tsipras (n.1974), leader del partito greco Syriza (Coalizione della sinistra radicale) è, dal 26 gennaio 2015, Primo Ministro della Repubblica Ellenica.

L'Altra Europa con Tsipras

Mentre il PRC era già al lavoro per costruire una lista unitaria di sinistra a sostegno di Tsipras, un gruppo di intellettuali[406] pubblicò sulla stampa un appello a favore di una lista per Tsipras, scaturente dalla società civile (17 gennaio 2014), a cui il PRC per primo non solo aderì, ma predispose anche la raccolta delle firme per la lista, chiamata "L'Altra Europa con Tsipras". La lista ebbe l'appoggio anche di SEL[407], mentre il PdCI, dopo aver dato la sua adesione, sospese il suo sostegno alla lista, perché gli era stato assegnato un solo candidato.

Mentre la sinistra "alternativa" si coalizzava attorno alla candidatura Tsipras, anche la sinistra "riformista" (PD e PSI) si dava da fare.

Il Congresso del Partito Socialista Europeo[408], tenutosi a Roma il 6 novembre 2013 designò, con 368 voti a favore, 2 contrari e 44 astenuti, suo candidato alla presidenza del Parlamento Europeo il tedesco Martin Schultz[409], che proponeva un'Europa più coesa, che andasse oltre l'*austerity* per tornare ad una politica di crescita. Il PD e il PSI[410] appoggiarono tale candidatura.

---

406 Andrea Camilleri, Paolo Flores d'Arcais, Luciano Gallino, Marco Revelli, Barbara Spinelli e Guido Viale.

407 L'adesione di SEL fu deliberata dal suo II Congresso (Riccione, 24-26 gennaio 2014). SEL voleva però mantenere una prospettiva di collaborazione col PSE. Appoggiarono la lista anche il Partito Pirata (PPIT) e I Verdi del Sudtirolo.

408 Ne fanno parte 53 partiti socialisti, socialdemocratici e laburisti europei.

409 Martin Schultz (n.1955), poliglotta (tedesco, inglese, francese, olandese e italiano) si iscrisse alla SPD (Partito Socialdemocratico Tedesco) nel 1974. È stato sindaco di Wursenel (1987-1998). Nel 1994 fu eletto deputato europeo, poi sempre riconfermato. Nel 2004 divenne presidente del gruppo del PSE nel Parlamento Europeo, rimanendo in carica fino al 2012, quando fu eletto Presidente del Parlamento Europeo.

Intanto nel PD la strapiante personalità del neosegretario era destinata a travolgere gli ostacoli più che ad aggirarli. Il primo segnale della tensione interna si ebbe con le dimissioni (21 gennaio 2014) di Gianni Cuperlo da presidente del PD, venuto in conflitto, in sede di Direzione, col segretario, sulla bozza di riforma della legge elettorale, che escludeva, ancora una volta, le preferenze[411]. Evidentemente i capipartito avevano capito i vantaggi (per loro) di poter – di fatto – nominare i parlamentari: e non solo quelli della destra.

Il 13 febbraio 2014, nonostante le assicurazioni di leale sostegno al governo (*Enrico, stai tranquillo, stai sereno*) rivolte da Renzi al Presidente del Consiglio, suo compagno di partito, la Direzione del PD approvò un documento in cui si chiedeva un cambio dell'esecutivo. Il che comportò, ovviamente, il giorno seguente, le dimissioni di Letta e del suo governo. L'incarico, altrettanto ovviamente, andò a Renzi, il quale formò un nuovo governo da lui presieduto (22-2-2014). Il nuovo governo era sostenuto da vari raggruppamenti, di sinistra e di centro[412]. Il PD vi partecipava con 9 ministri[413], 3 viceministri e 23 sottosegretari.

Il vento soffiava a favore del PD e del suo segretario. Renzi riuscì, infatti, in un'impresa in cui non erano riusciti, prima di lui, validi esponenti dell'area socialdemocratica del PD, come D'Alema e Bersani: l'ingresso del PD nel PSE, prima ostacolato dalle riserve delle componenti non socialiste del partito e particolarmente dagli ex popolari.

---

410 Il PSI presentò propri candidati nella lista del PD, a causa dello sbarramento recentemente introdotto nella legge elettorale.

411 Al suo posto sarà eletto Matteo Orfini.

412 Partito Democratico; Nuovo Centro Destra (NCD), nato da una scissione (15-11-2013) del PdL da parte di coloro che erano stati contrari a togliere l'appoggio al governo Letta; Unione di Centro (UdC); Democrazia Solidale (DS), gruppo parlamentare di centro; Scelta Civica (SC); PSI; Centro Democratico (CD), indipendenti..

413 Maria Elena Boschi, Graziano Delrio, Dario Franceschini, Paolo Gentiloni, Marianna Madia, Maurizio Martina, Federica Mogherini, Andrea Orlando, Roberta Pinotti.

La Direzione del Partito Democratico, il 27 febbraio 2014, deliberò, infatti, con 121 sì, due astenuti e un solo no[414], l'adesione al Partito Socialista Europeo, che per l'occasione cambiò la sua denominazione in "PSE-Socialists&Democrats". Il giorno dopo si svolse il congresso del PSE, più sopra ricordato.

Un altro successo fu colto nelle tre elezioni regionali che si svolsero tra il febbraio e il maggio 2014, in Sardegna, in Piemonte e in Abruzzo, dove furono eletti i tre candidati del PD[415].

Ma il successo più eclatante il PD lo colse nelle elezioni europee, dove raggiunse il 40,81 % dei voti, eleggendo ben 31 deputati dei 73 spettanti all'Italia.

"L'Altra Italia con Tsipras" riuscì a superare lo sbarramento, avendo conseguito il 4,04 %, il che le consentì di eleggere 3 europarlamentari[416].

Ma la crisi era sempre in agguato e questa volta non risparmiò nemmeno SEL, che ne era sembrata immune.

Il 18 giugno 2014, di fronte alla scelta se approvare o meno il decreto sugli 80 euro in busta paga per i redditi medio-bassi, il partito si spaccò in due gruppi contrapposti di egual peso. Passò il sì con 17 voti contro 15 per il no. Il primo gruppo, in realtà, guardava al socialismo europeo ed era propenso a dialogare con il PD di Renzi e a sostenerne l'azione riformatrice; l'altro era invece decisamente schierato per una ferma opposizione e auspicava una sinistra unita sul tipo della lista Tsipras alle europee, cosa che dai rivali era considerata un *arroccamento ideologico*, che avrebbe spinto SEL fra le braccia della sinistra radicale.

Convivenza difficile, per cui il capogruppo alla Camera Gennaro Migliore rassegnò le dimissioni dalla carica. La tempestiva riunione della Segreteria Nazionale non valse a frenare l'imminente emorragia, da Vendola definita *spaccatura plateale*: si dimisero dal partito l'ex

---

414 Beppe Fioroni (n.1958), ex Dc, ex PPI, ex Margherita, il quale dichiarò di non voler "morire socialdemocratico".

415 Francesco Pigliaru (Sardegna), Sergio Chiamparino (Piemonte) e Luciano D'Alfonso (Abruzzo).

416 Di cui una, Eleonora Forenza, del PRC.

capogruppo alla Camera Gennaro Migliore, la sua vice Titti Di Salvo, la segretaria del gruppo Ileana Piazzoni, Claudio Fava, ex *leader* di Sinistra Democratica.

Consapevoli della gravità della crisi, Vendola e tutta la Direzione rassegnarono le dimissioni, che però vennero respinte. Ma intanto vari deputati lasciarono il partito[417]. Il gruppo in seguito subirà ulteriori rimaneggiamenti[418].

Simbolo del PCdI (2014)

Il 5 settembre 2014 fu lanciato un appello da un folto gruppo di militanti comunisti, del PdCI, del PRC e indipendenti, che ritenevano *urgente dare corpo ad una presenza unitaria della sinistra,* all'interno della quale ricostruire *una presenza comunista autonoma, che si proponga la sua riorganizzazione in partito,* un partito comunista facente riferimento al PCI, al movimento comunista internazionale e alla *migliore tradizione marxista, a partire dal contributo di Lenin e di Gramsci.*

L'appello fu fatto proprio dalla conferenza di organizzazione del PdCI (28-9-2014), il cui Comitato Centrale del 23 novembre 2014 deliberò la costituzione del **Partito Comunista d'Italia (PCdI)** *quale evoluzione dell'esperienza del PdCI*[419].

Il nuovo simbolo, divulgato l'11 dicembre 2014, era molto simile a quello del disciolto PCI (con una piccola "d" fra la C e la I), sovrastato dalla scritta "Ricostruire il Partito Comunista".

---

417 Ferdinando Aiello e Michele Ragosta, che se ne andarono nel PD, seguiti in seguito da Sergio Boccadutri; Fabio Lavagno, Nazzareno Pilozzi e Alessandro Zan, che passarono al "Gruppo misto", seguiti, il 26 giugno 2014 da Luigi Lacquaniti e Martina Nardi.

418 Vi aderirà (14-10-2014) l'ex M5S Adriano Zaccagnini e ne uscirà (29 aprile 2015), per andare al Gruppo misto, Toni Matarrelli.

419 Il processo costituente si concluderà il 26 giugno 2016. Vedi oltre.

Lo stesso giorno 23 novembre si votò per il rinnovo dei Consigli Regionali in Emilia e in Calabria. In entrambe le regioni prevalse il centro-sinistra.

Nella prima, col 49,05 % fu eletto presidente Stefano Bonaccini, sostenuto dal PD (44,52 % e 31 seggi su 48) ed anche da SEL, che col suo 3,23 % elesse due consiglieri. "L'Altra Emilia Romagna" (filiazione regionale de "L'Altra Europa"), che si era presentata da sola, ottenne il 3,71 % e 1 seggio.

In Calabria fu eletto Gerardo Maria Oliveiro (61,40 %) espresso pure dal PD (23,68 % e 9 eletti su 30) e dalla lista "La Sinistra", in cui erano confluiti SEL, IDV e il PdCI (4,36 % e 1 eletto)

Il PRC, intanto, cercava di uscire dalla crisi cercando di far evolvere "L'Altra Europa" in un nuovo soggetto politico unitario, mentre esplodevano, nell'autunno 2015, le lotte sindacali contro il *Jobs Act*[420] e la *buona scuola*[421], destinate a culminare nello sciopero generale e nazionale del 12 dicembre 2014, indetto da CGIL e UIL, cui il PRC si aggregò.

Ma non c'è fortuna: ogni volta che a sinistra si parla di processo unitario, ecco che si verifica una nuova scissione, piccola o grande. Il 12 dicembre 2014 fu la volta della parte giovanile della corrente "Essere Comunisti" , guidata da Simone Oggionni (n. 1984), coordinatore dei "Giovani Comunisti" del PRC a lasciare il partito[422].

Il nuovo anno portò con sé, per la sinistra di tutte le gradazioni, nuovi segnali di crisi, che preludevano a sostanziali rimescolamenti delle sue agitate forze, tutte stranamente mosse da aspirazioni... unitarie.

In occasione delle *primarie* in Liguria, in vista delle elezioni del 31 maggio 2015 in sette regioni, il PD dovette registrare la perdita della prestigiosa figura dell'ex segretario generale della CGIL, Sergio Cofferati, il quale

---

420 Un insieme di interventi normativi in materia di lavoro.

421 Piano governativo di riforma della scuola.

422 Il gruppo approderà, nel marzo 2015, in SEL (nel cui coordinamento entrerà Simone Oggionni) e, con questa, nella Sinistra Italiana e, successivamente, sarà tra i promotori del Movimento Democratico e Progressista.

polemicamente lasciò il PD, seguito poco dopo dal deputato Luca Pastorino, ex sindaco di Bugliasco, che diventerà il candidato di uno schieramento di sinistra alternativo al PD, composto da SEL, PRC ed altri di sinistra[423]. C'erano dunque tutte le premesse per perdere la Liguria, che, infatti, passò al centro-destra.

Lo stillicidio continuò con l'uscita dal PD del deputato ex DC, ex PPI, ex Margherita Guglielmo Vaccaro, seguito il 6 maggio successivo da Giuseppe Civati[424].

Giuseppe Civati

Le elezioni regionali del 31 maggio 2015, in cui la sinistra si presentò più divisa che mai, diedero risultati contraddittori: in cinque regioni (Campania, Marche, Puglia, Toscana e Umbria) prevalsero il centro-sinistra e i candidati del PD, mentre nelle altre due (Liguria e Veneto) vinse il centro-destra.

La "sinistra alternativa" (SEL, PRC, Verdi), presentatisi in combinazioni diverse da regione a regione, riuscì ad ottenere qualche eletto nei consigli regionali. Il PRC, in particolare, non riuscì ad eleggere propri rappresentanti, nonostante l'ennesimo appello lanciato nella sua IV conferenza di organizzazione (Roma, 11-12 aprile 2015), così sintetizzato dal segretario Ferrero: 1- *Rilanciare la prospettiva comunista*; 2 – *costruire una sinistra unita e fuori dal centro-sinistra*; 3 –*creare un movimento di massa contro l'austerità per bloccare queste politiche che stanno distruggendo le prospettive di vita degli italiani*.

---

423 Nell'aprile 2015 comunque aderirono al PD tre deputati provenienti dal M5S: Tommaso Currò, Gessica Rostellato e Alessio Tacconi.

424 Giuseppe Civati (n.1975), laureato in Filosofia e dottore di ricerca in varie università, è stato consigliere comunale di Monza, segretario cittadino dei DS, consigliere della Regione Lombardia, membro della Direzione del PD, candidato alle *primarie* del 2013 per la segreteria del PD (9,2% al primo turno e 14,21% alle *primarie* aperte agli elettori) e deputato nazionale, eletto nel 2013. Per le profonde divergenze con la linea assunta dal governo Renzi, infine lascerà il PD, per fondare il movimento politico "Possibile", di cui nel gennaio 2016 diventerà segretario.

***

Nel mese di giugno 2015 si affacciò nell'orizzonte politico italiano un nuovo soggetto, discendente diretto dell'azione politica di Giuseppe Civati. Il quale, dopo le primarie del PD del 2013, aveva cominciato ad assumere posizioni critiche all'interno del partito, che si andranno accentuando con l'avvento del governo Renzi .

Civati aveva votato contro il *Jobs Act*, la nuova legge elettorale detta *Italicum*, la riforma costituzionale e quella della Pubblica Amministrazione, accusando intanto il *premier*-segretario di voler trasformare il PD in un partito di centro, il cosiddetto *Partito della Nazione*. Il 6 maggio 2015 la corda si era rotta e, come più sopra accennato, Civati aveva lasciato il PD, seguito da alcuni

Simbolo di Possibile

parlamentari[425].

Il successivo 21 giugno fu dunque fondato il nuovo movimento politico denominato **Possibile**, che – nelle intenzioni – avrebbe dovuto *avere burocrazia minima* e in cui l'*appartenenza sarà leggera partecipativa, orizzontale.*

Il nome e il simbolo "Possibile" stavano a indicare i valori del nuovo raggruppamento: uguali diritti, uguali possibilità.

Mentre il 7 novembre venne ufficializzata la formazione del gruppo parlamentare "Sinistra Italiana" sia alla Camera (25 SEL e 6 ex PD) che al Senato (7 SEL, 6 ex PD, 2 ex M5S), all'interno del Gruppo misto della

---

425 Tre deputati nazionali (Beatrice Brignone, Andrea Maestri e Luca Pastorino) ed una europea (Elly Schlein), che a Strasburgo rimarrà nel gruppo "Alleanza Progressista dei Socialisti e dei Democratici".

Camera i deputati di "Possibile" formarono un'unica componente assieme ad "Alternativa libera", detta "Alternativa libera-Possibile".

Il 20 novembre 2015 si riunirono gli "Stati Generali" di Possibile per approvare lo Statuto e per individuare il segretario, La fase congressuale si concluse con l'elezione a segretario del partito, mediante consultazione online degli iscritti, di Giuseppe Civati (93,20 %).

***

Stefano Fassina

Il 24 giugno 2015 a rassegnare le dimissioni dal PD fu l'ex viceministro dell'Economia nel governo Letta, Stefano Fassina[426], assieme alla deputata Monica Gregori[427].

Il 20 luglio successivo si tenne l'assemblea di costituzione del Comitato romano di un nuovo soggetto politico: **Futuro a Sinistra.** Nell'appello sottoscritto dai presenti si leggeva:

La sinistra a cui pensiamo nasce dal basso, non dalla fusione di ceti politici. Non vogliamo essere i reduci delle sconfitte dell'ultimo ventennio che si mettono insieme alla rinfusa dimenticando le divisioni e le ragioni che le hanno prodotte. E' una sinistra nuova, inclusiva, plurale e che raccoglie anche culture differenti. Una forza di governo e riformatrice.

E ancora: *Vogliamo un nuovo partito, nel quale si parta da quei valori che consideriamo non negoziabili: una rigorosa etica della politica, la*

---

426 Stefano Fassina (n.1966), economista, si iscrisse al PCI nel 1985, approdando successivamente al PD, per il quale nel 2013 fu eletto deputato. Lasciato il partito, si iscrisse al Gruppo parlamentare "Sinistra Italiana-Sinistra Ecologia Libertà". Il 5 giugno 2016 fu eletto consigliere comunale di Roma.

427 Monica Gregori, ex esponente dei Giovani Democratici, fu eletta deputata per il PD nel 2013. Il 3 novembre 2015 aderì al gruppo "Sinistra Italiana-Sinistra Ecologia Libertà".

solidarietà, la libertà, una moderna concezione dei diritti sociali e civili, il valore della dignità della persona, la responsabilità verso la natura, il rispetto del diritto internazionale e dei valori dell'uomo, la pace. Un partito che abbia i valori della cooperazione, quella vera, iscritti profondamente nel suo Dna. Un partito in cui si conta per le idee. Un partito in cui si è iscritti, militanti, non semplici tessere, meri numeri di filiere elettoralistiche e clientelari.

***

Il 28 ottobre 2015 a lasciare il PD fu il noto giornalista Corradino Mineo[428], ormai in forte dissenso col partito, avendo votato contro vari provvedimenti governativi: *Jobs Act*, riforma scolastica, *Italicum*, Rai e riforma costituzionale.

Il mese successivo altri quattro parlamentari lasciarono il PD[429].

Fra il 5 e il 19 giugno 2016 si svolsero le elezioni amministrative, in cui la sinistra si presentò quasi sempre divisa; esse furono caratterizzate per il PD dalla perdita dei due importanti comuni di Roma e di Torino, in cui invece furono elette due esponenti del M5S[430]. A Roma il candidato del PD Roberto Giachetti, vicepresidente della Camera (sostenuto anche da IDV, Verdi e da alcune liste civiche) ottenne al primo turno il 24,9 % e al ballottaggio il 32,8 %.

Stefano Fassina, candidato sostenuto dalla lista "Sinistra-Sinistra per Roma" e da una lista civica, ottenne il 4,47 %. Le sue liste non ottennero alcun seggio[431].

---

428 Corradino Mineo (n. 1950), laureato in Filosofia e giornalista, era stato eletto senatore per il PD nel 2013. Il 3 marzo 2016 aderì al gruppo "Sinistra Italiana_ Sinistra Ecologia Libertà".

429 Il 4 novembre 2015 lasciarono il PD i deputati Alfredo D'Attorre, Carlo Galli e Vincenzo Folino. Il 26 novembre 2015 la deputata Giovanna Martelli.

430 Rispettivamente Virginia Raggi e Chiara Appendino.

431 Il candidato del PC di Marco Rizzo, Alessandro Mustillo, ottenne lo 0,79 %.

***

Simbolo del Partito Comunista Italiano (2016)

Il 26 giugno 2016, a 25 anni dal Congresso di Rimini che aveva decretato la fine del vecchio PCI, giunse a compimento il percorso costituente, iniziato un anno e mezzo prima, dopo circa 150 iniziative locali, per la creazione del nuovo **Partito Comunista Italiano.**

Esso venne fondato da un'Assemblea Costituente comunista di 571 delegati provenienti da tutt'Italia, riunitisi al circolo ARCI di San Lazzaro di Savena (Bologna), alla quale parteciparono il Partito Comunista d'Italia (fondato il 23 novembre 2014), militanti provenienti dal PRC, l'Associazione per la Ricostruzione del Partito Comunista e singole persone senza tessera.

Il Partito Comunista Italiano – dice lo Statuto - *è l'organizzazione politica d'avanguardia della classe operaia e di tutte le lavoratrici e lavoratori che, nella realtà del Paese, lottano per l'indipendenza e la libertà, per l'edificazione della democrazia, per l'eliminazione dello sfruttamento, per la libertà e la valorizzazione della personalità umana, per la pace tra i popoli: per il socialismo.*

Esso si ispira all'esperienza del comunismo italiano e di quello internazionale.

L'organizzazione giovanile del partito è la Federazione Giovanile Comunista Italiana (FGCI).

Mauro Alboresi

Il PCI aderisce all'"Incontro Internazionale dei Partiti Comunsti e Operai" (IMCWP), un appuntamento annuale di partiti provenienti da tutto il mondo.

Segretario nazionale fu eletto il sindacalista CGIL Mauro Alboresi (n.1955)[432].

***

In questo clima di risistemazione della sinistra alternativa, un ennesimo appello all'unità arrivò, il 7 luglio 2016, anche dalla Direzione Nazionale del PRC.

Per la quale, onde efficacemente fronteggiare le *politiche liberiste*, occorreva costruire *una sinistra antiliberista, parte della Sinistra Europea ed alternativa agli altri poli politici oggi in campo. Una sinistra che ricostruisca un legame sentimentale e politico con il nostro popolo, contribuendo al superamento della sua frammentazione e alla ricostruzione di una speranza e di una dignità. Una sinistra che sappia qui ed ora proporre una alternativa antiliberista concreta – di governo, come Syriza – alle politiche di austerità. Questa sinistra serve da molto tempo, ma adesso non possiamo più aspettare: il tempo è ora.*

L'appello, diretto a *promuovere immediatamente il processo costituente della sinistra* era essenzialmente rivolto a L'Altra Europa, a SEL, al movimento Possibile di Civati, a Fassina, a Cofferati, a quanti avevano abbandonato il PD[433].

Il tempo dell'unità per dare vita ad un processo costituente – così concludeva il documento - *è ora perché ora è il tempo dello scontro che si è aperto tra i popoli che vogliono la libertà e le classi dominanti europee.*

Mentre in molti lanciavano appelli all'unità, maturavano le condizioni di nuove divisioni fra gli eredi, di varie scuole e sfumature, della scissione comunista di Livorno del 1921, sparsi nelle varie articolazioni partitiche che ad essa in vario modo si richiamavano.

Il governo Renzi si era intestata una riforma costituzionale che mirava ad uno, quanto mai opportuno, snellimento del sistema politico: fine del

---

432 Presidente del Comitato Centrale la giornalista Manuela Palermi (n.1942).

433 Nel corso del 2016 lasciò il PRC la corrente **Essere Comunisti**, con *leader* l'ex senatore Claudio Grassi (n. 1955), per aderire a Sinistra Italiana.

bicameralismo perfetto, causa non ultima di molti ritardi negli interventi dello Stato nella realtà della società italiana, diminuzione del numero dei senatori, cancellazione del CNEL.

I critici dell'iniziativa, di destra e di sinistra, mettendo in relazione la riforma costituzionale adottata dalle Camere con la legge elettorale che prevedeva un Parlamento composto, in maggioranza, da nominati, vi leggevano invece un tentativo di compressione della democrazia, mediante un rafforzamento eccessivo dell'esecutivo, che inoltre non prevedeva l'introduzione di adeguati contrappesi.

Il *premier*, inoltre, commise l'errore di legare il destino del suo governo e della sua *leadership* all'esito del referendum confermativo.

Si schierarono dunque per il NO alla riforma non solo tutte le opposizioni, cui era data l'opportunità, in un sol colpo, di bocciare la riforma e rovesciare il Governo, ma anche organizzazioni come l'ANPI e la CGIL, tradizionalmente vicine alla sinistra. Si schierò per il NO anche la parte dell'opposizione interna del PD, facente capo a D'Alema e a Bersani. Contrari anche SEL (*Noi diciamo no*), PRC, PCI e varie sigle comuniste minori.

Per il SI' la maggioranza del PD e vari gruppi centristi di governo.

Il 4 dicembre 2016, data della votazione, com'era prevedibile, prevalse il NO col 59,12 %.

Renzi ne trasse le conseguenze e il 7 dicembre rassegnò le dimissioni sue e del suo governo.

XII. L'attualità

Se i politici si occupassero un po' più di poesia e i poeti un po' più di politica, forse si vivrebbe in un mondo migliore.

(John Fitzgerald Kennedy)

Il successivo governo, presieduto dal ministro uscente degli Esteri Paolo Gentiloni, entrò in carica il 12 dicembre 2016. Esso era sostenuto dal PD, dal PSI e da vari gruppi centristi. Ne facevano parte, per il PD, 12 ministri[434], 2 viceministri e 16 sottosegretari.

***

Sinistra Italiana (SI)

Pochi giorni dopo, il 17 dicembre 2017, SEL decretò il proprio scioglimento, per confluire in **Sinistra Italiana (SI).**

Il progetto di Sinistra Italiana era partito da una affollata assemblea riunitasi presso il teatro *Quirino* a Roma il 7 novembre 2015. Il primo passo verso la costituzione del nuovo soggetto politico era stato la costituzione alla

---

434 Graziano Delrio, Claudio De Vincenti, Valeria Fedeli, Anna Finocchiaro, Dario Franceschini, Luca Lotti, Maria Anna Madia, Maurizio Martina, Marco Minniti, Andrea Orlando, Roberta Pinotti, Giuliano Poletti.

Camera (9 novembre 2015) di un nuovo Gruppo parlamentare[435] e, al Senato (4 marzo 2016) di una componente interna del Gruppo misto[436].

La fase costituente si concluse col congresso fondativo svoltosi a Rimini dal 17 al 19 febbraio 2017, che diede vita al nuovo partito. Vi confluirono SEL, Futuro a Sinistra, formazione guidata da Stefano Fassina, e alcuni ex esponenti del M5S[437]. Ma già si delineava un'ala dissidente, più dialogante nei confronti del PD di Renzi[438].

Sinistra Italiana, recita il suo Statuto, *si batte per una società fondata sull'uguaglianza sociale, sulla valorizzazione della differenza tra i sessi, sul rispetto dell'ambiente, sulla pace come strumento di convivenza tra i popoli. I suoi obiettivi sono l'attuazione piena della Costituzione repubblicana e uno Stato*

Nicola Fratoianni

---

435 Il gruppo, denominato "Sinistra Italiana- Sinistra Ecologia Libertà", contava 32 deputati (tra cui la Presidente della Camera Laura Boldrini): 25 di SEL, 6 ex PD (tra cui Stefano Fassina, *leader* di "Futuro a Sinistra"), l'ex SEL Claudio Fava. Presidente del gruppo Arturo Scotto. In seguito a vari abbandoni successivi, al Congresso fondativo di SI, il gruppo si ridurrà a 13 deputati, con Giulio Marcon presidente.

436 La componente, avente la stessa denominazione del gruppo della Camera, contava 8 senatori: 5 di SEL, 2 di L'Altra Europa con Tsipras (ma eletti col M5S) e l'ex PD Corradino Mineo. Il gruppo sarà poi di 7 senatori, con presidente Loredana De Petris.

437 Nelle elezioni amministrative del giugno 2016 Sinistra Italiana era entrata in una lista (assieme a PRC, PCI, L'Altra Europa con Tsipras, Possibile, avente l'appoggio dei CARC e di "Sinistra Anticapitalista", denominata "Napoli in Comune a Sinistra", in sostegno del sindaco uscente Luigi De Magistris, che fu eletto al secondo turno col 66,85 % dei voti. La lista ottenne il 5,30 % e 4 consiglieri comunali.

438 Essa era capitanata da Arturo Scotto (n.1978), che non entrerà nel nuovo partito, guardando piuttosto all'MPD. Su posizioni analoghe l'ex PD Alfredo D'Attorre e un consistente gruppo di parlamentari.

democratico e sociale di diritto, nella convinzione che la libertà di tutti sia la condizione e non il limite della libertà di ciascuno.

Segretario fu eletto Nicola Fratoianni[439], con 503 voti a favore, 32 contrari e 28 astenuti.

Il 9 marzo successivo Sinistra Italiana e Possibile di Pippo Civati annunciarono la formazione alla Camera di un gruppo unico.

Sinistra Italiana, dal 24 giugno 2017, è divenuta membro osservatore del Partito della Sinistra Europea.

***

Non entro nel merito ma sono attento a <u>quel che succede nel Pd</u>. Le scissioni sono sempre divisioni di una comunità, a me piacerebbe una comunità unita, ampia, di sinistra e di centrosinistra. Per questo lavoro: non contro qualche d'uno ma per qualche cosa, io credo nel noi, non nell'io, e punto a ricostruire un "campo aperto", all'interno del quale spero vi siano tutti quelli che amano la buona politica.

Con queste parole l'ex sindaco di Milano Giuliano Pisapia[440], il 14 febbraio 2017, lanciò il progetto di **Campo Progressista**[441].

Campo aperto vuole essere proprio questo: la parte iniziale di un luogo dove tanti che hanno perso la casa politica possano discutere e lavorare insieme per fare un programma per rilanciare il paese. Un punto di

---

439 Nicola Fratoianni (n.1972), laureato in Lettere, eletto deputato di SEL nel 2013, si iscrisse giovanissimo al PRC, divenendo poi coordinatore nazionale dei Giovani Comunisti del PRC. Nel 2009 lasciò il partito per aderire al Movimento per la Sinistra di Vendola, poi confluito in Sinistra Ecologia Libertà (SEL), a sua volta confluita in Sinistra Italiana.

440 Giuliano Pisapia (n. 1949), laureato in Giurisprudenza e in Scienze Politiche, nel 1970 aderì a Democrazia Proletaria, poi confluita nel PRC. Nel 1996 e nel 2001 fu eletto deputato, come indipendente, nelle liste di Rifondazione Comunista. È stato sindaco di Milano dal 2001 al 2015.

441 Accanto a lui, sul palco di "Futuro prossimo" a Milano, c'erano Gad Lerner, Laura Boldrini, Massimiliano Smeriglio e Franco Monaco.

partenza che vuole e deve trovare degli alleati con gli stessi valori e gli stessi principi.

Più determinato che mai, Pisapia lanciò dunque una campagna di adesioni per dare inizio a un processo costituente:

Campo Progressista

Vogliamo costruire una rete su tutto il territorio Italiano. Esperienze politiche, associative, culturali. Progressiste, democratiche, ecologiste, civiche. Unite nell'esigenza di dare vita a una storia radicalmente inedita. Non un partito o un cartello elettorale, ma una leva che valorizzi le risorse positive esistenti e ne liberi di nuove. Avvertiamo l'inadeguatezza e il logoramento degli schieramenti politici attuali che non intercettano quello che pure esiste: un'Italia che ogni giorno si impegna per un Paese diverso, che crea e innova in nome dell'inclusione e della sostenibilità, che combatte i pregiudizi e il rancore sociale. Che è sobria, concreta, salda nei valori ma pragmatica e non settaria. Insieme a quest'Italia lanciamo un processo costituente partecipato e aperto a tutti coloro che sono alla ricerca di una nuova "casa".

Giuliano Pisapia

Insieme vogliamo fare la nostra parte per ridare speranza a questo Paese. Una storia nuova che inizia e alla quale vi invitiamo ad aderire. Per costruire insieme il nostro programma per l'Italia.

L'11 marzo 2017 si svolse a Roma la prima *convention* nazionale del movimento ideato da Giuliano Pisapia: un progetto aggregatore della varie anime del centro-sinistra italiano, con un'attenzione particolare per l'area di sinistra, peraltro molto affollata.

***

Fin dalle elezioni primarie del 2013, vinte da Matteo Renzi, il Partito Democratico era stato agitato da polemiche interne, tra il neosegretario e i suoi seguaci, detti *renziani*, da un lato, e le componenti più a sinistra del partito, di formazione ex comunista e socialdemocratica, dall'altro. La polemica aveva toccato le sue punte più aspre a proposito del referendum confermativo della riforma costituzionale, fortemente voluta da Renzi e bocciata dal referendum del dicembre 2016..

Già due scissioni, quella di "Possibile" (21 giugno 2015), guidata da Giuseppe Civati e quella di "Futuro a Sinistra" (20 luglio 2015), con *leader* Stefano Fassina, avevano indebolito l'ala sinistra del PD, i cui maggiori esponenti erano ormai soprattutto Roberto Speranza[442] ed Enrico Rossi[443], sostenuti dagli ex segretari Luigi Bersani e Guglielmo Epifani e dall'ex *premier*, nonché ex segretario dei DS, Massimo D'Alema.

Il 19 febbraio 2017 Renzi , dopo le lunghe polemiche con la minoranza, si dimise anche da segretario, facendo partire il meccanismo congressuale, e candidandosi alle successive *primarie* del PD, da tenersi dopo circa due mesi.

Matteo Orfini

Nell'attesa, reggente fu nominato Matteo Orfini (n. 1974), presidente del partito dal 14 giugno 2014.

La minoranza PD che riteneva fondamentale, per un approfondito dibattito nel partito, tenere le primarie dopo l'estate, ruppe ogni

---

442 Roberto Speranza (n.1979), laureato in Scienze Politiche, deputato, è stato presidente della Sinistra Giovanile dei DS, consigliere comunale di Potenza (2004-2009), capogruppo del PD alla Camera (2013-2015). Dal 25-4-2017 è coordinatore del MDP.

443 Enrico Rossi (n.1958), laureato in Filosofia, giornalista, ex sindaco di Pontedera (PI) dal 1990 al 1999, è stato iscritto al PCI/PDS/DS/PD. Nel 2010 fu eletto presidente della Regione Toscana.

esitazione e decise lo strappo senza ritorno: la scissione. Su questo terreno si incontrò con la minoranza di SEL, guidata da Arturo Scotto e Massimiliano Smeriglio, che non aveva aderito (19 febbraio 2017) alla costituzione di Sinistra Italiana, a suo avviso tendente a rifiutare il dialogo con il PD e che invece si affiancò alla minoranza del PD e alla scissione da essa progettata.

Movimento Democratico
e Progressista

**Articolo 1 – Movimento
Democratico e
Progressista**

Il 25 febbraio 2017 fu dunque realizzata tale scissione[444], che diede vita ad **Articolo 1 – Movimento Democratico e Progressista**.

Il nome si riferiva all'art. 1 della Costituzione, secondo cui *l'Italia è una repubblica democratica fondata sul lavoro*, sottolineando con ciò che la priorità del nuovo raggruppamento era il lavoro.

Lo scopo dichiarato era quello di *ricostruire un nuovo centrosinistra aperto e plurale, libero da smanie di protagonismo.*

Roberto Speranza

Coordinatore fu proclamato Roberto Speranza.

Nel suo "Manifesto dei Valori" l'Art1- MDP si propone di *ricostruire un centrosinistra plurale, non soffocato da ambizioni leaderistiche e da pretese di arrogante autosufficienza che inevitabilmente porteranno alla vittoria dei nostri avversari, né dalla rassegnazione alla progressiva impotenza delle istituzioni democratiche, ma che sappia trarre nuova linfa vitale dai valori costituzionali dell'antifascismo e dalla storia repubblicana migliore, a partire dall'esperienza dell'Ulivo.*

---

444 Ad essa non aderì il presidente della Regione Puglia Michele Emiliano, che fino all'ultimo era stato allineato con gli scissionisti.

E ancora: *Vogliamo costituire un movimento aperto, non un partito, che sia anche la costituente di un rinnovato centrosinistra, perché non rinunciamo al progetto di una grande forza unitaria del centrosinistra e vogliamo essere da stimolo affinché il Partito Democratico riprenda questo cammino arrestando la sua deriva neocentrista.*

I gruppi parlamentari del MDP, costituitisi il 28 febbraio 2017 contavano 42 deputati[445] e 16 senatori[446]. I suoi 3 eurodeputati aderirono al gruppo "Alleanza Progressista dei Socialisti e dei Democratici".

***

Così il segretario uscente Paolo Ferrero anticipò quelle che sarebbero state le tematiche del X congresso del Partito della Rifondazione comunista:

«*I nodi politici di questo decimo congresso saranno in sintesi tre. In primo luogo la presa d'atto della fine della spinta propulsiva del capitalismo, la sua tendenza alla stagnazione e alla guerra e il conseguente rilancio del tema del socialismo come alternativa alla barbarie. In secondo luogo la nostra proposta per l'uscita dalla crisi. Abbiamo intitolato il congresso 2017 «C'è bisogno di rivoluzione» perché occorre rovesciare le politiche economiche neoliberiste che sono all'origine della crisi. Serve un forte intervento pubblico in economia finalizzato alla drastica riduzione dell'orario di lavoro, alla redistribuzione della ricchezza, alla riconversione ambientale delle produzioni, allo sviluppo del welfare. In terzo luogo, la proposta di dar vita ad un soggetto unitario della sinistra di alternativa, quella che si oppone alle politiche europee come a quelle del governo Gentiloni, per costruire un'alternativa ai partiti amici di banchieri, speculatori e razzisti*».

Il congresso si tenne a Spoleto dal 31 marzo al 2 aprile 2017, con la partecipazione di 400 delegati provenienti da tutta l'Italia, in maggioranza della corrente di Ferrero, la cui mozione nei precongressi locali aveva

---

445 Capogruppo Francesco Laforgia.
446 Capogruppo Maria Cecilia Guerra.

raggiunto il 71,5 %, prevalendo su quella minoritaria dell'europarlamentare Eleonora Forenza.

Maurizio Acerbo

La proposta unitaria era diretta *sia a Civati sia agli altri partiti comunisti che ci sono, a De Magistris, ai centri sociali, insomma a tutte quelle forze che non sostengono il governo Gentiloni e hanno rotto col PD, di fare la sinistra alternativa. Non c'entra niente Pisapia, che vuole andare col PD. Non c'entra niente Bersani, che ha rotto con Renzi, ma appoggia Gentiloni. Noi non vogliamo rifare il centrosinistra, vogliamo fare la sinistra"*.

A conclusione dei lavori, dopo 9 anni di segreteria, Paolo Ferrero, che tuttavia rimaneva vicepresidente del Partito della Sinistra Europea, passò il testimone al nuovo segretario eletto Maurizio Acerbo[447].

***

Le *primarie* del Partito Democratico per l'elezione del segretario e dell'Assemblea Nazionale del partito furono indette per il 30 aprile 2017, precedute dalle votazioni di circolo, riservate agli iscritti.

A sfidare Renzi si candidarono il governatore della Puglia Michele Emiliano, che non aveva seguito gli scissionisti del MDP, preferendo combattere una battaglia interna e il ministro della Giustizia, Andrea Orlando, divenuto così, di fatto, il leader della nuova sinistra interna del PD.

---

447 Maurizio Acerbo (n. 1965), attivo nei movimenti e nelle lotte sociali e ambientaliste, nel 1984 divenne segretario provinciale della Federazione Giovanile Comunista del PCI e nel 1990 consigliere comunale di Pescara. Contrario alla liquidazione del PCI, aderì al PRC, di cui divenne segretario regionale dell'Abruzzo, carica tenuta fino al 2006, anno in cui fu eletto deputato (2006-2008). Nel 2008 fu eletto consigliere della Regione Abruzzo.

Prevalse Matteo Renzi, sia fra gli iscritti (66,73%) che fra gli elettori (69,17 %)[448].

L'Assemblea Nazionale del PD, composta da 1000 membri (551 uomini e 449 donne), di cui 700 "renziani", 212 facenti capo a Orlando e 88 a Emiliano, il 5 maggio proclamò segretario Matteo Renzi, con suo vice il ministro delle Politiche Agricole Maurizio Martina.

Il 7 maggio l'Assemblea Nazionale riconfermò presidente del PD Matteo Orfini.

***

A questo punto del nostro racconto è d'uopo constatare che la diaspora del comunismo italiano è ancora in atto e che probabilmente non si ricomporrà mai più, finché non sarà dispersa o sommersa dalla storia.

I figli, i nipoti e i pronipoti del comunismo italiano sono sparsi in molti rivoli ed hanno completamente dilapidato il patrimonio di consensi che i loro progenitori avevano saputo accumulare. Siamo ormai di fronte ad un elettorato più fluttuante che mai, a sinistra come a destra. Non si vota più come facevano papà o nonno, ma secondo convinzioni e interessi propri.

A parte i piccolissimi e litigiosi gruppetti di tutte le sfumature, in vario modo e in varia misura richiamantisi al comunismo; a parte quelli che si sono collocati oltre i limiti stabiliti dalla Costituzione repubblicana in tema di lotta politica; a parte quelli che hanno fatto il "salto della quaglia", andando a finire nell'arcipelago di centro-destra; il grosso dei discendenti è al momento di concludere queste note, sparso nei seguenti raggruppamenti:

- Partito Democratico, con segretario Matteo Renzi.
- Campo Progressista, con *leader* Giuliano Pisapia.
- Art. 1 – Movimento Democratico e Progressista, con coordinatore Roberto Speranza.
- Sinistra Italiana, con segretario Nicola Fratoianni.
- Partito Comunista Italiano (2016), con segretario Mauro Alboresi.

---

448 Emiliano ottenne l'8,02 % e il 10,87 %. Orlando il 25,25 % e il 19,96 %.

- Partito della Rifondazione Comunista, con segretario Maurizio Acerbo.

Allegramente divisa come sempre, dunque, la diaspora comunista si avviava ad affrontare i tre più importanti appuntamenti del prossimo futuro: la legge elettorale nazionale, le elezioni regionali siciliane, fissate per il 5 novembre 2017 e quelle nazionali che si sarebbero tenute a fine legislatura, nella primavera 2018.

La nuova legge elettorale[449], un sistema misto proporzionale-maggioritario, subito ribattezzato dalla stampa *Rosatellum bis*[450], giunse in porto il 26 ottobre 2017, con l'approvazione definitiva del Senato[451]. Essa era ormai divenuta indispensabile per la governabilità del Paese, visto che le precedenti leggi avrebbero portato a maggioranze diverse per Camera e Senato. Il suo difetto più grave era quello che, in assenza delle preferenze, ancora una volta, ci sarebbero stati deputati più nominati che eletti e quindi più fedeli ai loro capi che ai loro elettori.

Questa bella idea di pilotare le candidature e quindi, in pratica, di scegliere i deputati risaliva al cosiddetto *Porcellum*, legge elettorale del 2005 voluta dal centro-destra, ma poi piaciuta a tutti i capi e capetti, poiché li metteva al riparo dalle possibili bizze dei parlamentari, in tal modo legati a chi li aveva messo lì, assicurandogli... un avvenire.

---

449 Il 24 ottobre 2017 la capogruppo al Senato del MDP, Cecilia Guerra, in conseguenza della questione di fiducia posta dal Governo anche al Senato sulla legge elettorale, annunciò l'uscita del suo partito dalla maggioranza di governo.

450 Tale denominazione fa riferimento al capogruppo del PD alla Camera, Ettore Rosato. In precedenza era stata presentata, dal deputato del PD Emanuele Fiano, una proposta di legge elettorale conosciuta come *Rosatellum*, dal nome del suo capogruppo, poi caduta sotto i colpi dei „franchi tiratori". Nell'ottobre 2017, dopo avervi apportato sostanziali modifiche e raggiunto perciò un più largo consenso fra le forze politiche, essa venne ripresentata e subito denominata *Rosatellum bis*.

451 Lo stesso giorno, dopo l'approvazione della legge elettorale, il presidente del Senato Pietro Grasso lasciò il PD, passando di conseguenza al Gruppo Misto.

L´approvazione fu possibile grazie all'intesa fra il PD[452], le forze di Centro e di parte del centro-destra (Forza Italia e Lega Nord), mentre tutta l´altra sinistra[453], sia parlamentare che extraparlamentare, si era schierata energicamente contro, in compagnia della destra ex nostalgica e soprattutto del M5S, piuttosto infuriato dall'essersi vista strappata di mano una vittoria elettorale che riteneva – non si capiva bene il perché – ormai sua .

Un'altra occasione di (dis)unità a sinistra si ebbe in occasione delle elezioni regionali siciliane[454], un *test* elettorale da sempre ritenuto fondamentale per le sue immancabili ripercussioni sulle vicende politiche nazionali.

Il PD presentò, come candidato alla presidenza della Regione il prof. Fabrizio Micari, rettore dell'università di Palermo, che ebbe il sostegno di una lista formata in comune da Alternativa Popolare (AP)[455] e "Centristi per Micari", della lista formata da "Sicilia Futura"[456] e PSI, e da quella personale "Micari Presidente". La candidatura ebbe anche il sostegno del sindaco di Palermo, Leoluca Orlando.

Claudio Fava, deputato del MDP, si presentò con l´appoggio della lista "Cento Passi per la Sinistra", composta oltre che dal MDP[457], da Sinistra Italiana, da Rifondazione Comunista e dai Verdi, tutti coalizzati, al fine di

---

452 Il Partito Democratico il 14 ottobre 2017 celebrò il decimo anniversario della sua fondazione. Alla manifestazione erano presenti il primo (Walter Veltroni) e l'attuale segretario (Matteo Renzi), ma non l´ideatore e fondatore del partito Romano Prodi.

453 Fece eccezione il piccolo PSI nenciniano, che votò a favore della legge.

454 Il Presidente della Regione Sicilia viene eletto con un sistema maggioritario a turno unico. L´Assemblea Regionale Siciliana (ARS) col sistema proporzionale con sbarramento al 5% e premio di maggioranza di 7 deputati, inclusi in un listino presentato da ciascun candidato alla presidenza; 1 seggio è riservato al candidato secondo classificato, per un totale di 70 deputati regionali.

455 Partito fondato, come evoluzione del NCD, il 18 marzo 2017, con presidente Angelino Alfano e coordinatore Maurizio Lupi.

456 Movimento politico di area moderata, nato il 25 settembre 2017.

superare lo sbarramento del 5 % previsto dalla legge elettorale siciliana. Dalla coalizione si tirò fuori il PCI (2016).

I risultati, come era stato previsto da tutti i sondaggi e da vari opinionisti, assegnarono la vittoria al centro-destra[458], presentatosi unito.

Nel M5S, arrivato secondo, rimase l'amarognola soddisfazione di essere risultato elettoralmente il primo partito dell'isola, condannato a rimanere un movimento di protesta[459].

La vera sconfitta fu però la sinistra, che aveva governato nella precedente legislatura, i cui due candidati furono sonoramente bocciati. Fabrizio Micari ottenne solo il 18,65 %, molto al di sotto dei risultati della coalizione che l'aveva sostenuto(25,41 % e 13 seggi)[460].

Fava si fermò al 6,15 %, un po' più della percentuale conseguita dalla sua lista "Cento passi per la Sicilia" (5,23 % e 1 seggio[461]).

Ovviamente cominciò il solito dibattito all'interno della sinistra e fra i vari partiti che ad essa si richiamavano.

Intanto si avvicinava la fine della legislatura e le conseguenziali elezioni politiche...

Il 7 novembre[462] 2017 venne solennemente celebrato, in una Mosca da tempo non più comunista, il centenario della Rivoluzione d'Ottobre, con la famosa Piazza Rossa per l'occasione gremita di manifestanti in festa e di bandiere rosse. Vi parteciparono numerose delegazioni di partiti comunisti e operai di tutto il mondo, di cui quattro al potere nei seguenti

---

457 Il 24 settembre 2017 era sorta l'organizzazione giovanile del MDP, denominata Movimento Giovanile della Sinistra (MGS).

458 Fu eletto presidente Nello Musumeci col 39,85 %. All'Assemblea Regionale Siciliana il centro-destra ottenne 36 seggi su 70, compresi i 7 seggi del listino.

459 Il candidato del M5S, Giancarlo Cancelleri si classificò secondo col 34,65 %.

460 Nell'ambito della coalizione il PD ottenne il 13,02 % e 11 seggi; la lista „Sicilia Futura-PSI" il 6,01 % e 2 seggi.

461 Lo stesso Fava, eletto a Palermo.

462 Corrispondente al 25 ottobre del calendario giuliano, allora in uso nella Russia zarista.

Stati: Repubblica Popolare Cinese, Repubblica Democratica Popolare di Corea, Repubblica di Cuba, Repubblica Socialista del Vietnam.

Era anche presente una rappresentanza di alcuni partiti comunisti italiani: quella del Partito Comunista[463], con a capo il segretario Marco Rizzo, autore del recente libro *URSS, a cento anni dalla rivoluzione sovietica, i perché della caduta*; quella del Partito della Rifondazione Comunista, con il segretario Maurizio Acerbo e il responsabile Esteri Marco Consolo; quella del nuovo Partito Comunista Italiano, la più numerosa[464], guidata dal segretario Mauro Alboresi.

Varie iniziative furono tenute in Italia dal Partito Comunista dei Lavoratori, il cui segretario Marco Ferrando è autore del libro *100 ANNI: Storia e Attualità della Rivoluzione Comunista*.

Furono, quelli dell'Ottobre russo del 1917, i *Dieci giorni che sconvolsero il mondo*, come raccontò nel suo celeberrimo libro-*reportage* il giornalista americano John Reed, morto a Mosca nel 1920.

Ma neppure lui avrebbe potuto immaginare le future divisioni, deviazioni, contraddizioni, scomuniche, abiure del movimento mondiale che ne derivò e che informò di sé buona parte del Novecento, il *secolo breve*, come lo definì lo storico britannico Eric Hobsbawm.

Noi possiamo constatare come l'obiettivo principale per cui esso sorse è stato mancato: la rivoluzione mondiale non c'è stata. Questo fallimento ha dimostrato che senza democrazia non ci può essere socialismo, ma solo capitalismo di Stato, o Stato burocratico o dominio della "nuova classe"[465] dei funzionari del partito unico sui lavoratori.

---

463 Per l'occasione una delegazione del PC, guidata dal responsabile Esteri Guido Ricci partecipò, il 3 novembre 2017, alla XIX edizione dell'Incontro Internazionale dei Partiti Comunisti ed Operai, cui erano presenti 103 partiti, riunitisi sotto lo slogan «Cento anni dalla Grande Rivoluzione Socialista d'Ottobre: le idee del movimento comunista rafforzano la lotta contro le guerre imperialiste, per la pace e il socialismo».

464 Circa 80 delegati provenienti da varie parti d'Italia, andati in Russia a loro spese.

465 Si veda, di Milovan Gilas, il libro *Nova Klasa* (La nuova classe).

In Italia i figli e i nipoti del comunismo si sono divisi tra coloro che hanno rimosso quell'esperienza, più o meno criticamente, alcuni lasciando la "sinistra di classe" e altri tornando nel socialismo democratico, e quelli che invece sono rimasti ancorati a nostalgici ricordi, sognando l'impossibile ritorno di un passato che ormai appartiene solo alla Storia.

Appendice. Simbologia e dintorni

La parola *Comunismo*

I termini *socialismo* e *comunismo*, di origine settecentesca, entrarono nell'uso comune con la rivoluzione industriale e furono all'inizio tra loro intercambiabili.

Una prima differenza la introdussero Marx ed Engels nel 1848, con la pubblicazione del *Manifesto del Partito Comunista*, parlando di *socialismo utopistico*, quello cioè che c'era stato fino ad allora (Saint-Simon, Fourier, Proudhon, Owen), basato su idee e, appunto, *utopie*, e il loro socialismo, basato su fatti e leggi storiche ed economiche, che essi definirono perciò *socialismo scientifico* o *comunismo*.

Vladimir Il'ič Ul'janov detto Lenin

Evaporate le idee degli utopisti, *socialismo* e *comunismo* continuarono ad essere due parole equivalenti. Tant'è vero che molti partiti della Seconda Internazionale, di ispirazione marxista, si chiamavano indifferentemente *socialisti* o *socialdemocratici*. Non solo il più forte e noto di essi, il Partito Socialdemocratico Tedesco (SPD), partito di grandi teorici marxisti, come Karl Kautsky, Rosa Luxemburg e Rudolf Hilferding, ma anche, ad esempio, quello russo, il Partito Operaio SocialDemocratico Russo (POSDR), il partito di Lenin e di Stalin.

Quest'ultimo partito, già dal suo secondo congresso del 1903 si divise in due frazioni, che finiranno per operare come due partiti diversi: i bolscevichi ("i maggioritari") e i menscevichi ("i minoritari"), tutte e due operanti col nome POSDR. Per cui i bolscevichi, guidati da Lenin, per distinguersi, aggiunsero una b tra parentesi: POSDR (b).

Il crollo della Seconda Internazionale allo scoppio della prima guerra mondiale (1914-18), che vide i suoi maggiori partiti (il tedesco, l'austriaco, il francese e l'inglese) schierarsi con le "unioni sacre" nazionali, in difesa ciascuno della propria patria, determinò la necessità per il partito di Lenin di accentuare la distinzione, anche nominalistica, da tali partiti, per cui il POSDR (b) divenne, dall'8 marzo 1918 PCR (b), cioè Partito Comunista Russo- bolscevico. Il quale, a sua volta, il 31 dicembre 1925, divenne PCU (b), Partito Comunista di tutta l'Unione che, infine, il 13 ottobre 1952 prenderà il nome definitivo di PCUS (Partito Comunista dell'Unione Sovietica), mantenuto fino alla sua dissoluzione nel 1991.

Con la fondazione (1919) della Internazionale comunista, o Terza Internazionale, detta anche Comintern, il nome "comunista" fu imposto a tutti i partiti aderenti, giungendo così ad una distinzione sempre più netta dal resto del movimento operaio mondiale, rappresentato dai partiti socialisti, socialdemocratici e laburisti.

Una distinzione di tipo per così dire "filosofico" riguarda l'approdo della lotta per l'uguaglianza condotta dal proletariato: una società, cioè, in cui *il libero sviluppo di ciascuno è la condizione per il libero sviluppo di tutti*, caratterizzata da due fasi, una conseguenziale all'altra. La prima sarà quella in cui andrà *a ciascuno secondo il suo lavoro* (fase socialista); ad essa, dopo che sarà scomparsa la divisione tra lavoro intellettuale e fisico e raggiunto il massimo sviluppo produttivo, seguirà una fase più elevata della società, il cui motto sarà *Ciascuno secondo le sue capacità, a ciascuno secondo i suoi bisogni* (fase comunista). Dunque il *comunismo* inteso come sviluppo più avanzato del *socialismo*.

Questo spiega perché lo Stato appena conquistato dai bolscevichi fu chiamato "Unione delle Repubbliche *Socialiste* Sovietiche" (URSS) e non *Comuniste*: perché occorreva − sotto la guida del partito comunista − prima costruire il socialismo per arrivare successivamente al comunismo. Tale impostazione sarà in seguito seguita in altri Stati a guida comunista, come nella "Repubblica Socialista Cecoslovacca" (1960-1990) e nella "Repubblica Socialista Federale di Jugoslavia" (1945-1992). Questa prassi ha ingenerato notevoli equivoci nel linguaggio, poiché sottintende che i partiti socialisti/socialdemocratici/laburisti non saprebbero o non vorrebbero realizzare il socialismo, il quale, invece, avrebbe trovato i suoi alfieri più conseguenti nei partiti comunisti.

Una distinzione "storica", infine tende a considerare i comunisti fautori del metodo rivoluzionario e i socialisti di quello riformista o gradualista. Ma, visto che vari partiti comunisti la rivoluzione non l'hanno neppure tentata, preferendo partecipare alle elezioni, tale distinzione si è rivelata effimera.

Per cui allo stato delle cose, la nota comune che caratterizza i vari comunismi è la professione di leninismo, con partiti organizzati, anche se non sempre, secondo il *centralismo democratico*.

La Parola *Compagno*

Il Quarto Stato, di Giuseppe Pellizza da Volpedo

La parola *compagno* deriva dal latino *cum panis*, riferita perciò a coloro che mangiano lo stesso pane, condividendo cioè gioie, dolori, lotte, aspirazioni...

In senso più propriamente politico si intende il compagno di lotta politica e sindacale, che ha acquisito la medesima coscienza di classe, che milita nello stesso partito.

190

Fin dall'Ottocento il termine si diffuse tra gli oppositori del sistema capitalistico e in particolare nei movimenti di ispirazione marxista e poi nei partiti socialisti e comunisti.

In particolare, per questi ultimi, la parola divenne evocativa di una comunità fatta di persone che condividevano ideali e lotte comuni.

Ma, come si sa, il linguaggio non può essere imbrigliato, perché esso è strettamente legato all'evoluzione storica.

In Italia, ad esempio, nel PCI , nel PSI e e nel PSDI (e loro derivati) il termine era di uso generalizzato non solo all'interno di ciascuno di quei partiti, ma anche fra i loro militanti.

Giancarlo Pajetta, notissimo e amato dirigente comunista, passando sopra a cinquant'anni di polemiche, anche durissime, commentò la morte di Giuseppe Saragat, *leader* della socialdemocrazia italiana, con questa frase lapidaria: "Oggi è morto un *compagno*!"

Questo concetto certo sottintendeva la constatazione che, pur avendo strategie e tattiche diverse, i tre partiti avevano lo stesso obiettivo finale: costruire una società socialista.

Con la liquefazione dei tre partiti "di classe", avvenuta negli anni '90 del '900, anche l'uso del termine si restrinse.

Per quanto riguarda i comunisti, essi attraverso la trasformazione del loro partito in PDS e poi in DS giunsero alla fusione con la Margherita, al cui interno c'era una forte componente cattolica, proveniente soprattutto dalla disciolta Democrazia Cristina, realizzando il Partito Democratico. Questi elementi ex DC, che fra loro si erano chiamati *amici*, non erano affatto disposti ad accettare simboli e linguaggio della sinistra, compreso l'uso del termine *compagno* tra gli iscritti, utilizzato dagli ex comunisti.

Ciò dapprima suscitò notevoli imbarazzi su come ci si doveva rivolgere ad una militanza così composita.

Per cui, dentro il PD, ognuno fa come gli pare: chi utilizza *amici e compagni* (o viceversa), chi *cari democratici*.

La parola, finito il partito che più la usava, il PCI, tende ormai a sparire dal lessico politico. Oggi è usata solo dai piccoli gruppi socialisti, aggrappati alle loro tradizioni e da quelli della sinistra extraparlamentare, ansiosi di riesumare il vecchio PCI.

Ma la parola è dura a morire: non solo essa sopravvive in coloro per i quali rappresenta l'impegno di una vita, ma anche perché rivive in altre forme di solidarietà. Per cui ci sono i compagni di scuola, di università, di lavoro, di impegno civile e perfino di sentimenti.

Essa, infatti, evoca ancora la voglia di partecipare a un collettivo, a qualcosa che vada oltre l'individualismo.

La bandiera rossa

Bandiera rossa

Il simbolo della bandiera rossa ha avuto vari significati nel corso della storia, spesso collegati alle lotte sociali. Ma fu con la rivoluzione del 1848 in Francia e soprattutto con la *Comune di Parigi* che essa venne associata al socialismo, anche nella sua versione socialdemocratica e in quella laburista. In Inghilterra il partito laburista l'ha utilizzata fino al 1980, ed essa è stata la fonte di ispirazione della canzone di protesta socialista *The Reg Flag*, composta nel 1889 dal socialista irlandese Jim Connell, che paragonava il rosso della bandiera a quello del sangue dei caduti del popolo.

In Italia fu adottata dal PSI e da tutti i suoi derivati, comprese le varie formazioni socialdemocratiche.

Ma nel comune sentire il simbolo della bandiera rossa è collegato soprattutto al movimento comunista, in quanto usato, senza eccezioni, da tutti i partiti e gruppi che ad esso si richiamano ed anche perché essa ha fatto da sfondo alla bandiera dell'Unione Sovietica (1917) e a quella della Repubblica Popolare Cinese (1949).

Un famoso giornale intitolato *Die Rote Fahne* (La Bandiera Rossa) fu quello fondato a Berlino il 9 novembre 1918 da Karl Liebknecht e Rosa Luxemburg come organo della Lega Spartachista e poi, dal 1° gennaio

1919, del Partito Comunista di Germania fino al 1933 (avvento del nazismo).

Bandiera Rossa è stato anche il titolo della rivista italiana di orientamento trotzkista, sorta nel 1950 come organo dei "Gruppi Comunisti Rivoluzionari", che cessò le pubblicazioni nel 2002.

Bandiera Rossa è un canto popolare italiano, adottato da socialisti e comunisti, il cui testo originario fu scritto da Carlo Tuzzi nel 1908, ma che è stato modificato in varie versioni.

Qui sotto una versione comunista:

« Avanti o popolo, alla riscossa,

Bandiera rossa, Bandiera rossa
Avanti o popolo, alla riscossa,
Bandiera rossa trionferà.

      Bandiera rossa la trionferà
      Bandiera rossa la trionferà
      Bandiera rossa la trionferà
      Evviva il comunismo e la libertà.

Degli sfruttati l'immensa schiera
La pura innalzi, rossa bandiera.
O proletari, alla riscossa
Bandiera rossa trionferà.

      Bandiera rossa la trionferà
      Bandiera rossa la trionferà
      Bandiera rossa la trionferà
      Il frutto del lavoro a chi lavora andrà.

Dai campi al mare, alla miniera,
All'officina, chi soffre e spera,

Sia pronto, è l'ora della riscossa.
Bandiera rossa trionferà.

Bandiera rossa la trionferà
Bandiera rossa la trionferà
Bandiera rossa la trionferà
Soltanto il comunismo è vera libertà.

Non più nemici, non più frontiere:
Sono i confini rosse bandiere.
O comunisti, alla riscossa,
Bandiera rossa trionferà.

Bandiera rossa la trionferà
Bandiera rossa la trionferà
Bandiera rossa la trionferà
Evviva Lenin, la pace e la libertà. »

Pier Paolo Pasolini ha dedicato (1961) una poesia "Alla bandiera rossa"

Per chi conosce solo il tuo colore,
bandiera rossa,
tu devi realmente esistere,
perché lui esista:
chi era coperto di croste
è coperto di piaghe,
il bracciante diventa mendicante,
il napoletano calabrese,
il calabrese africano,
l'analfabeta una bufala o un cane.
Chi conosceva appena
il tuo colore, bandiera rossa,
sta per non conoscerti più,
neanche coi sensi:

tu che già vanti tante glorie
borghesi e operaie,
ridiventa straccio,
e il più povero ti sventoli.

La falce e il martello

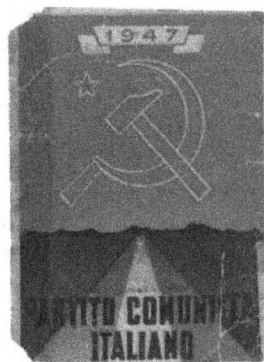

Falce e martello nelle tessere del 1947 di socialdemocratici (PSLI), socialisti (PSI) e comunisti (PCI).

La falce e il martello rappresentano, nell'iconografia di sinistra, seppure in maniera non esclusiva, i contadini e gli operai, cioè il proletariato.

Essi, già diffusi, nella seconda metà dell'800, fra le organizzazioni proletarie dell'Europa occidentale, vennero poi frequentemente adottati dai partiti socialisti aderenti alla Seconda Internazionale, fondata a Parigi nel 1889.

In Italia il loro abbinamento fu dovuto ad Andrea Costa, primo deputato socialista, fondatore e leader del Partito Socialista Rivoluzionario, che nel 1893 confluì nel Partito Socialista dei Lavoratori Italiani (poi PSI).

Essi apparvero in posizione "incrociata", a simboleggiare la lotta comune di contadini e operai, nel corso della *Rivoluzione d'ottobre*, pare per volontà dello stesso Lenin, formando così un unico simbolo, com'è oggi conosciuto.

Con la vittoria della rivoluzione, esso divenne molto popolare e fu fatto proprio dalla Terza Internazionale comunista, fondata a Mosca nel 1919 e dai singoli partiti suoi membri, diffondendosi così in tutto il mondo. Ciò ha fatto sì che l'uso prevalente fattone dai comunisti ne facesse un segno emblematico del loro movimento.

Nella Russia sovietica esso divenne anche un simbolo ufficiale, essendo stato inserito nella bandiera nazionale e nell'emblema dello Stato.

In Italia, fino ai primi del '900, la falce era presente, accanto ad altri simboli del lavoro manuale, come ad esempio le spighe, nelle bandiere delle leghe contadine. Ma fu nel congresso di Bologna del 1919 che il PSI adottò ufficialmente , anche sotto la spinta del nuovo sistema elettorale proporzionale con voto di lista, come simbolo la falce e il martello, rimasti poi nel logo del partito, con varie modifiche, fino al 1985.

Nel 1947 esso fu inserito nel simbolo del partito socialdemocratico ("Scissione di Palazzo Barberini") allora avente il nome di PSLI (Partito Socialista dei Lavoratori Italiani).

Nel partito comunista , invece, il simbolo fu presente dalla sua fondazione (1921) al suo scioglimento (1991), passando poi anche nei partiti che ne derivarono: nel PDS, fino alla sua confluenza nei DS (1998) e nel PRC.

La rinuncia a questo simbolo appare sempre collegata a una revisione ideologica tendente ad accantonare ogni riferimento al comunismo ed anche al marxismo.

Attualmente in Italia la falce e il martello appaiono nei simboli di vari partiti della "diaspora comunista".

I trotzkisti, talvolta, adottano il simbolo della falce e martello, ma orientato verso destra e accompagnato dal numero 4, ad indicare la Quarta Internazionale.

La stella a cinque punte

La stella nella bandiera della Repubblica Socialista del Vietnam

La stella a cinque punti è uno dei simboli più diffusi. Essa è spesso considerata una speranza, un ideale, una guida, una luce che risplende nella notte buia, consentendoci così di orientarci. All'interno della sinistra e più specificatamente del comunismo, essa rappresenta le cinque dita della mano del lavoratore e i cinque continenti, con evidente riferimento all'internazionalismo proletario, efficacemente riassunto nelle celebre frase di Marx ed Engels, a conclusione del *Manifesto del Partito Comunista*: "Proletari di tutto il mondo, unitevi!".

Un'altra interpretazione della stella a cinque punte fa riferimento ai cinque gruppi sociali capaci di costruire il socialismo: i giovani, i militari, gli operai, i contadini e gli intellettuali.

Qualcosa di simile si trova nella bandiera della Repubblica Popolare Cinese, nella cui parte alta, a sinistra, sono raffigurate cinque stelle: una più grande, attorniata da quattro più piccole.

La stella più grande rappresenta il partito comunista, guida del processo rivoluzionario; le quattro più piccole le classi sociali alleate nella costruzione del socialismo: gli operai, i contadini, gli studenti e la piccola borghesia.

Essa è attualmente presente nelle bandiere della Cina, del Vietnam, della Corea del Nord, di Cuba e nei simboli di molti partiti e movimenti comunisti.

Il pugno chiuso

Il saluto a pugno chiuso è stato usato per molte cause, ma è nell'ambito della sinistra socialista e comunista che esso ha trovato la sua celebrità, fin dagli inizi del '900. Esso simboleggia l'unità del movimento operaio, che deve appunto essere unito come le dita di una mano: le singole dita sono deboli, ma unite rappresentano uno strumento forte.

Lega dei soldati rossi in prima linea (RFKB)

Tra il 1923 e il 1924 esso fu adottato, come saluto militare, dalla "Lega dei soldati rossi in prima linea" (RFKB), una milizia paramilitare del Partito Comunista Tedesco, la quale poi lo riprodusse nelle proprie bandiere, facendone il proprio emblema in contrapposizione al saluto nazista. Dai membri del RFKB si estese poi ai semplici militanti comunisti.

Il gesto fu ripreso in Germania negli anni '30 del secolo scorso, in manifestazioni antihitleriane ed anche altrove, come simbolo di organizzazione di classe e di volontà di resistenza

"Aiutate la Spagna" (1937) di Joan Mirò.

Ma la sua fama come saluto è dovuta principalmente alla guerra civile spagnola (1936-1939) quando i volontari delle Brigate Internazionali, accorsi da vari Paesi in difesa della Repubblica, aggredita dalle truppe fasciste del generale Franco, si salutavano col pugno chiuso.

A renderlo famoso contribuì anche il celebre dipinto del famoso pittore catalano Joan Mirò, che disegnò un manifesto di propaganda repubblicana, dal titolo *Aiutate la Spagna*, per l'Esposizione Internazionale di Parigi del 1937, da riprodurre poi in molte cartoline per finanziare la lotta antifranchista.

Il pugno, ingigantito, vi rappresenta la forza necessaria per vincere i nemici della libertà; i colori sono quelli della bandiera catalana.

Da allora il simbolo si diffuse anche fra gli oppositori del fascismo in Europa ed anche fuori; come, ad esempio in Cile, durante il governo di Unidad Popular (1970-1973) presieduto dal socialista Allende.

In Italia, fino alla metà degli anni '60 del'900, il pugno alzato venne usato come saluto, ma durante il funerale di Togliatti volle sottolineare anche la solennità e sacralità del momento.

Tessera del P.C.I. del 1959 Esso non è mai stato accantonato. Ancora oggi il simbolo dell'Internazionale Socialista è un pugno chiuso che stringe una rosa. La rosa e il pugno sono presenti anche nei simboli dei partiti socialisti francese, spagnolo e portoghese.

Il saluto a pugno chiuso, tuttavia, anche unito alla falce e al martello, è stato più ampiamente utilizzato dai partiti comunisti, come simbolo di lotta e come espressione di solidarietà, di forza o anche di sfida.

Il sole nascente

Il sole nascente o sole dell'avvenire, secondo la celebre frase di Garibaldi (*L'Internazionale è il sole dell'avvenire*), rappresenta la speranza in una società migliore, più giusta, in una società socialista.

Esso è stato largamente usato nella simbologia socialista italiana, poi più durevolmente transitata in quella socialdemocratica e meno spesso in quella comunista.

Tessera provvisoria del PCI (1945) con sole nascente, spiga, falce e martello

Il sole che sorge in un manifesto comunista italiano

Emblema dell'Unione Sovietica (1956-1991)

Il libro aperto

Simbolo del Partito Comunista della Federazione Russa

Il libro aperto, simbolo dell'istruzione e della cultura, apparve come contrassegno socialista italiano alle elezioni del 1921 e in quelle del 1924.

È poi stato utilizzato anche come simbolo comunista.

L'Internazionale

Quando, il 21 gennaio 1921, al XVII congresso del PSI (Livorno, 15-21 gennaio 1921), i delegati della mozione comunista "pura" lasciarono il Teatro Goldoni per recarsi al Teatro San Marco per fondare il PCdI, uscirono cantando L'Internazionale, come in un giorno di festa.

L'inno de L'Internationale, di Pottier e Bergeret

Probabilmente essi non immaginavano che quel canto era quanto mai inadatto a festeggiare una scissione che avrebbe spianato la strada a vent'anni di fascismo.

Fra le varie manifestazioni esteriori della sinistra classista quel canto è, infatti, quanto di più unitario si possa immaginare, perché riguarda non il proletariato di un singolo paese, ma quello di tutto il mondo, come auspicato da Marx ed Engels nel loro *Manifesto* del 1848.

A scriverne il testo era stato l'operaio-poeta Eugéne Pottier (1916-1887), per celebrare l'eroica e tragica esperienza della *Comune di Parigi*, di cui era stato direttamente partecipe.

Inizialmente esso era generalmente cantato sulle note della *Marsigliese*, fino a quando venne musicato da Chrétien de Geyter (1849-1932), membro del Partito Operaio Francese (fondato nel 1882 da Jules Guesde e da Paul Lafargue, genero di Marx).

L'inno, così musicato, fece il suo esordio nell'estate del 1888, in occasione della festa dei lavoratori di Lilla. Ebbe un successo immediato e si diffuse tra i partiti socialisti che andavano sorgendo in tutta l'Europa, fossero rivoluzionari o gradualisti. Nel 1910, poi, l'inno venne proclamato, dalla Seconda Internazionale, canto universale del movimento operaio.

Tradotto in innumerevoli lingue, spesso con importanti variazioni, esso è oggi cantato, specie in occasione di assisi congressuali, più o meno da tutti i partiti socialdemocratici, socialisti e comunisti.

Dal 1917 al 1944 è stato l'inno dell'URSS e poi del PCUS.

Il testo italiano deriva da un concorso indetto nel 1901 dal giornale satirico *L'Asino*, fondato nel 1892 dai socialisti Gabriele Galantara e Guido Podrecca. Il concorso fu vinto da uno sconosciuto che si firmò con lo pseudonimo di E. Bergeret.

TESTO DI BERGERET:

Compagni avanti, il gran Partito
noi siamo dei lavorator.

Rosso un fiore in petto ci è fiorito,
una fede ci è nata in cuor.

Noi non siamo più nell'officina,
entro terra, nei campi, in mar
la plebe sempre all'opra china
senza ideali in cui sperar.

Su, lottiamo! l'ideale
nostro al fine sarà
l'Internazionale
futura umanità.

Un gran stendardo al sol fiammante
dinanzi a noi glorioso va,
noi vogliam veder a terra infrante
le catene alla libertà.

Che giustizia venga, noi chiediamo:
non più servi, non più signor:
fratelli tutti esser vogliamo
nella famiglia del lavor.

Su, lottiamo! l'ideale...

Lottiam, lottiam, la terra sia
di tutti uguale proprietà
più nessuno nei campi dia

l'opra ad altri che in ozio sta.

E la macchina sia alleata,
non nemica ai lavorator;
così la vita rinnovata
all'uom darà pace ed amor.

Su, lottiamo! l'ideale...

Avanti, avanti, la vittoria
è nostra e nostro è l'avvenir;
più civile e giusta
la storia un'altra era sta per aprir.

Largo a noi, all'alta battaglia
noi corriamo per l'Ideal:
via, largo, noi siam la canaglia
che lotta pel suo Germinal

Su, lottiamo! l'ideale...

Questo testo, benché non troppo fedele all'originale francese, costituisce la versione più cantata in Italia.

Ci piace concludere queste note con il giudizio dato da Lenin, allora *leader* del Partito Operaio SocialDemocratico Russo, sulla *Pravda* del 3 gennaio 1913, cioè molto prima della rivoluzione bolscevica:

"Questo canto è stato tradotto in tutte le lingue europee, ed in altre. In qualunque paese un lavoratore provvisto di coscienza di classe si ritrovi a essere, quale che sia la sua sorte e per quanto possa sentirsi straniero, senza una lingua, senza amici e lontano dal suo paese natale, egli potrà in ogni caso trovare dei compagni e degli amici servendosi del fidato

ritornello dell'Internazionale. I lavoratori di tutti i paesi hanno fatto proprio il canto del loro illustre combattente, di questo poeta proletario, e ne hanno fatto l'inno mondiale del proletariato..."

Indice analitico

Acerbo, Maurizio.....140, 181, 183, 186

Acquaviva, Gennaro.............26, 92

Acquaviva, Mario.................50, 52

Adinolfi, Mario........................136

Adornato, Ferdinando................93

Agostini, Mauro......................137

Aiello, Ferdinando...................165

Alberganti, Giuseppe................37

Alboresi, Mauro........172, 182, 186

Alfano, Angelino......................184

Allende, Salvador......................25

Altea, Angelo...........................108

Amendola, Giorgio....17, 19, **22,** 86

Amendola, Giovanni..................22

Andreotti, Giulio........................28

Angeletti, Luigi........................132

Angeli, Flavia...........................140

Angius, Gavino. 84, 87 e seg., 130 e segg., 135

Appendino, Chiara....................170

Asor Rosa, Alberto......................87

Atti, Fausto................................52

Ayala, Giuseppe.................93, 112

Azzarello, Flavio......................156

Bacciardi, Giovanni..................110

Badoglio, Pietro...................19, 51

Balestri, Arturo..........................60

Bandoli, Fulvia.........................123

Baratella, Fabio........................132

Barbieri, Roberto......................132

Barone, Fabio...........................128

Bassanini, Franco.....97, 116 e seg., 119

Bassolino, Antonio.......84, 87, 115, 123, 130, 136

Battilocchio, Alessandro...........132

Battistuzzi, Paolo.......................93

Belillo, Katia.............115, 117, 142

Bellotti, Claudio.........................46

Benvenuto, Giorgio.....93, 112, 161

Bergeret, E..............................201

Berlinguer, Enrico **25,** 27 e seg., 69, 85 e seg., 99, 118, 134

Berlinguer, Giovanni.................118

Berlinguer, Luigi........97, 115 e seg.

Berlusconi, Silvio 92, 94, 104 e seg., 117, 120, 135, 139, 151, 155, 157

Bersani, Pier Luigi. .97, 115 e segg., 119, 128, 130, 136, 150, 153 e segg., 157 e segg., 164, 173, 178, 181

Berti, Giuseppe..........................**17**

Bertinotti, Fausto.....88, 102 e seg., 106, 109, 111, 120 e seg., 124 e segg., 129, 131 e seg., 135, 138, 140 e seg., 144, 155, 161

Bianchi, Alessandro..........128, 139

Bielli, Valter.............................108

Bilia, Angelo..............................64

Bindi, Rosy.......................136, 158

Bisky, Lothar............................161

Boccadutri, Sergio....................165

Bogi, Giorgio......................93, 112

Boldrini, Laura..................156, 176

Bolognesi, Marida...........100, 108

Bombacci, Nicola...........10, **12,** 13

Bonaccini, Stefano...................166

Bonaiuto, Assunta.....................64

Bonelli, Angelo........................155

Bordiga, Amadeo........10, **11,** 13 e segg., 47 e segg., 51 e segg., 58, 63, 69, 74

Bordon, Willer...........................93

Boschi, Maria Elena.................163

Boselli, Enrico 115, 123, 131 e seg., 135, 138

Bossi, Umberto..........................92

Bottaioli, Giovanni.............53 e seg.

Bracci Torsi, Bianca....................99

Brandirali, Aldo...........64, 68 e seg.

Brandiroli, Aldo..........................62

Brandt, Willy.............................**23**

Bray, Massimo..........................158

Bresson, Arnaldo.......................60

Brignone, Beatrice...................168

Brutti, Massimo........................130

Bucharin, Nikolai........................16

Bucharin, Nikolaj........................48

Bufalini, Paolo............................86

Buffoni, Francesco......................14

Burlando, Claudio...............97, 130

Buttafava, Ubaldo.......................66

Buttiglione, Rocco..............97, 114

Cafiero, Luca.........................37, 65

Calini, Emilia............................110

Calò, Enzo...........................60, 67

Calò, Vincenzo...........................62

Calvino, Italo..............................21

Calzavara, Dario.......................128

Camatte, Jacques........................56

Camilleri, Andrea.....................162

Cancelleri, Giancarlo...............185

Cannavò, Salvatore............41, 100

Capanna, Mario........26, 37 e segg.

Cappellacci, Ugo.......................144

Cappelloni, Guido..............99, 103

Caprili, Milziade.......................144

Capuano, Michele....................116

Caria, Angelo..............................67

Cariglia, Antonio........................91

Carniti, Pierre............................93

Carpi, Umberto........................106

Carrozza, Maria Chiara.............158

Casaleggio, Gianroberto...........155

Casini, Pier Ferdinando..............92

Castellani, Claudio......................65

Castellina, Luciana.......24, 38, 87 e seg., 100, 107

Castro, Fidel...........................7, 69

Catania, Giusto........................144

Cerichelli, Gian Piero..................67

Cervetto, Arrigo...............74 e seg.

Chavez, Hugo............................105

Chiamparino, Sergio.................164

Chiarante, Luciano......................87

Chiaromonte, Gerardo...............86

Chiti, Valentino........................128

Chiti, Vannino..........................123

Cialente, Massimo....................138

Ciampi, Carlo Azeglio...............102

Cirillo, Lidia..............................41

Ciu en lai..................................64

Civati, Giuseppe...161, 167 e segg., 172, 176, 178, 181

Clementis, Vladimir....................72

Cofferati, Sergio 118, 136, 167, 172

Colajanni, Napoleone.................86

Connell, Jim.............................192

Consolo, Marco........................186

Corvisieri, Silverio.......35 e seg., 38

Cossutta, Armando..27, 86 e segg., 99 e segg., 109, 111, 113 e seg., 118, 128, 132

Costa, Andrea...........................195

Covatta, Luigi.............................92

Craxi, Bettino..19, 27 e seg., 85, 91

Craxi, Bobo..............................132

Cristiano, Fabio........................128

Crocetta, Rosario.............130, 142

Crocetta, Salvatore...................100

Crucianelli, Famiano 96, 100, 105 e segg., 138

Cucchi, Aldo...............................73

Cuffaro, Antonino............103, 132

Cuffaro, Antonio.......................159

Cuperlo, Gianni.......160 e seg., 163

Currò, Tommaso.......................167

Cysi, Gregor.............................161

D'Alema, Massimo.....84, 86 e seg., 95, 97, 112 e seg., 115 e seg., 119, 123, 128, 130, 136, 160, 164, 173, 178

D'Alesio, Peppe........................128

D'Alfonso, Luciano....................164

D'Amato, Alessio.......................126

D'Angeli, Flavia...........................42

D'Angelo, Flavia..........................41

D'Antona, Olga.........................138

D'Attorre, Alfredo.............170, 175

Dalla Chiesa, Nando...................93

Damen, Onorato.......50, 52 e segg.

Damiano, Cesare......................128

Dangeville, Roger........................56

Dato, Cinzia..............................132

De Gasperi, Alcide.....................**20**

de Geyter, Pierre.........................13

De Leone, Mario..........................50

De Magistris, Luigi. 154 e seg., 175, 181

De Michelis, Gianni..................132

De Nito, Giuseppe.......................52

De Paoli, Elidio...........................61

De Petris, Loredana..........149, 175

De Vincenti, Claudio.................174

De Vita, Bruno..........................146

Del Bue, Mauro........................132

Del Turco, Ottaviano................136

Dell'Utri, Marcello......................92

Delle Donne, Corrado...............110

Delrio, Graziano........158, 163, 174

Deng Xiaoping..................69 e seg.

Di Bartolomeo, Nicola......33 e seg.

Di Pietro, Antonio....122, 125, 153, 155

Di Salvo, Titti............................165

Di Stefano, Salvatore...............105

Di Vittorio, Giuseppe......14, 17, 48

Diliberto, Oliviero...107, 115, 117 e seg., 129, 132, 135, 141 e segg., 145 e seg., 148, 155 e segg.

Diliddo, Stefania.......................128

Dini, Dino.....................................64

Dini, Lamberto95 e seg., 105 e seg.

Dinucci, Fosco.............60, 63 e seg.

Dinucci, Manlio..........................60

Dionisi, Angelo.........................100

Domenici, Leonardo.................136

Donati, Massimo......................153

Dubček, Alexander.....................23

Duse, Ugo....................................60

Emiliano, Michele...179, 181 e seg.

Engels, Friedrich......44, 78, 81, 85, 188, 197, 201

Epifani, Guglielmo....112, 159, 178

Errani, Vasco.....................130, 136

Falomi, Antonello.....................124

Fanti, Guido................................86

Fassina, Stefano.....169, 171 e seg., 175, 178

Fassino, Piero.......84, 87, 97, 115 e segg., 119, 122 e seg., 130, 136

Fava, Claudio...93, 143 e seg., 146, 149, 165, 175, 184 e seg.

Fedeli, Valeria...........................174

Fenizia, Adele...........................128

Ferragni, Rosolino.................50, 54

Ferrando, Marco....37, 40, 43, 100, 121, 127, 140, 156, 186

Ferraro, Salvatore.....................128

Ferrero, Paolo 100, 128, 141, 145 e seg., 148, 152, 155, 160, 168, 180 e seg.

Fiano, Emanuele.......................183

Fini, Gianfranco..........................92

Finocchiaro, Anna......97, 123, 136, 145, 174

Fioroni, Beppe..........................164

Flores d'Arcais, Paolo...............162

Foa, Vittorio................26, 37 e seg.

Folena, Pietro...................124, 146

Folino, Vincenzo.......................170

Forenza, Eleonora....................164

Formica, Rino............................132

Fortichiari, Bruno.....10, **12,** 13, 53, 55, 74 e seg.

Fortuna, Loris.............................21

Fourier, Jean Baptiste Joseph...188

Francescaglia, Francesco..........156

Franceschini, Dario. .123, 137, 145, 150, 158, 160, 163, 174

Franco, Vittoria........................136

Fratoianni, Nicola.............176, 182

Galantara, Gabriele.................201

Galasso, Alfredo.........................93

Galli, Carlo..................................170

Gallino, Luciano.........................162

Gambato, Severino.....................60

Garavini, Sergio.88, 99 e segg., 105 e seg., 108

Garibaldi, Giuseppe...................199

Gatto, Vincenzo...........................38

Gawronski, Pier Giorgio............136

Gennari, Egidio.....................**12,** 13

Gentili, Sergio............................130

Gentiloni, Paolo.....163, 174, 180 e seg.

Geymonat, Mario........................60

Geyter, Chrétien de..................201

Giachetti, Roberto....................171

Gianni, Alfonso.........................144

Giannini, Fosco.................141, 151

Giardiello, Alessandro...............46

Gilas, Milovan...........................186

Giolitti, Antonio..........................21

Giordano, Franco.......99, 126, 129, 140, 144

Gomulka, Wladislaw...................72

Gorla, Massimo..........35 e seg., 38

Gorrieri, Ermanno.......................93

Gottardi, Donata......................136

Gracci, Angiolo...........................64

Gramsci, Antonio.........10, **11,** 13 e segg., 48, 63, 69, 113, 147, 165

Grant, Ted...................................45

Grassi, Claudio..........................172

Grasso, Pietro...........................183

Graziadei, Antonio.......................11

Gregori, Monica.......................169

Grieco, Ruggero.............13, **16,** 17

Grillini, Franco.............130 e segg.

Grillo, Beppe.............................155

Gruber, Lilli...............................122

Gualtieri, Libero........................112

Guerra, Maria Cecilia........180, 183

Guerra, Mauro................107 e seg.

Guesde, Jules............................201

Guevara, Che...............................69

Guevara, Ernesto Che..............151

Guidoni, Umberto............142, 149

Herman, Gustavo........................65

Hilferding, Rudolf.....................188

Ho Chi Minh................................69

Hobsbawm, Eric........................186

Horthy, Miklos............................72

Hoxha, Enver....................7, 63, 81

Iannacchione, Peppe................128

Ingrao, Pietro.....**22,** 86 e segg., 98, 102

Ingroia, Antonio.............154 e seg.

Intini, Ugo.......................115, 132

Iotti, Nilde...................................86

Izzo, Luigi..................................128

Jervolino, Domenico...........26, 100

Juhl, Carsten...............................56

Kautsky, Karl.............................188

Kennedy, John Fitzgerald..........174

Kim il-sung...................................7

Kim Jong-il...................................7

Kim Jong-un.................................7

Kostov, Trajčo.............................72

Krusciov, Nikita.......59, 63, 69, 140

Kyenge, Cécile...........................158

La Malfa, Giorgio......................112

La Piccirella, Alfredo...................79

La Russa, Ignazio......................155

Labor, Livio.................................26

Lacquaniti, Luigi........................165

Lafargue, Paul...........................201

Lafasciano, Sabino......................64

Laforgia, Francesco...................180

Lama, Luciano.............................86

Laurent, Pierre..........................161

Lavagno, Fabio..........................165

Lazzari, Costantino......................11

Lecci, Aldo.................49, 53 e seg.

Lenin (Vladimir Il'ič Ul'janov).9, 11, 15, 23, 31, 44, 47, 55, 62, 74, 76, 78, 81, 165, 188 e seg., 194 e seg., 203

Leonetti, Alfonso.................15, 32

Leonetti, Francesco....................69

Lerner, Gad...............................176

Letta, Enrico...136, 157 e seg., 163, 169

Li Causi, Girolamo.......................19

Libertini, Lucio..............88, 99, 103

Libonati, Lucio..........................146

Licandro, Orazio........................154

Liebknecht, Karl........................192

Lin Piao......................................61

Lizzadri, Oreste...........................17

Lo Giudice, Enzo..........................68

Lo Sardo, Francesco.....................14

Lombardi, Riccardo.....................48

Longo, Luigi....16 e seg., 19, **23,** 25, 69

Lotti, Luca.................................174

Lunghi, Orietta.........................110

Lupi, Maurizio...........................184

Luxemburg, Rosa.............188, 192

Macaluso, Emanuele..................86

Madia, Maria Anna....................174

Madia, Marianna.......................163

Maestri, Andrea........................168

Maffi, Bruno...................50, 52, 57

Maffi, Maurizio............................14

Magnani, Valdo...........................73

Magnelli, Edoardo.......................52

Magri, Lucio...24, **26,** 37 e seg., 61, 65, 67, 88, 98, 100, 103, 106 e segg.

Maitan, Livio. 34 e seg., 37, 40, 100

Maj, Giuseppe.....................62, 77

Malabarba, Luigi.......41 e seg., 100

Malavenda, Mara......................109

Mancuso, Carmine......................93

Mangano, Romeo.............33 e seg.

Manisco, Lucio..........................107

Mao Tse Tung...................7, 62, 64

Mao tse-tung.............59 e seg., 70

Marabini, Anselmo..............11, 13

Marcon, Giulio..........................175

Marini, Franco..........123, 157, 160

Marino, Ignazio........................150

Martelli, Giovanna...................170

Martina, Maurizio.............163, 174

Martinazzoli, Mino....................92

Martone, Francesco.................124

Marx, Karl.....24, 44, 62, 78, 81, 85, 188, 197, 201

Masini, Pier Carlo.............74 e seg.

Masini, Pier Paolo......................74

Mastella, Clemente.....92, 114, 125

Matarrelli, Toti..........................165

Mattarella, Sergio......................91

Matteotti, Giacomo...................**15**

Mattina, Enzo.............................93

Mazzei, Leonardo.....................110

Melandri, Giovanna.....115 e segg., 128, 130

Meloni, Giorgia.........................155

Menapace, Lidia..........................24

Menchinelli, Alessandro.............38

Menotti Serrati, Giacinto......10, 14

Meriggi, Luigi............................100

Messina, Riccardo....................156

Micari, Fabrizio...............184 e seg.

Migliavacca, Maurizio...............136

Migliore, Gennaro...........144, 165

Milani, Eliseo..............................38

Mineo, Corradino.............170, 175

Miniati, Silvano...................26, 38

Minniti, Marco..........................174

Minucci, Adalberto............87, 114

Mirò, Joan.................................198

Misefari, Enzo.............60, 63 e seg.

Misiano, Francesco.............10, 13

Modigliani, Emanuele.................10

Mogherini, Federica.................163

Monaco, Franco........................176

Montalbano, Accursio..............132

Montaldi, Danilo.........................55

Montanari, Stefano.................140

Monti, Mario..........151 e seg., 155

Morando, Enrico..............119, 136

Moretti, Nanni....................86, 120

Moriconi, Enrico.......................146

Moro, Aldo..............27 e seg., 134

Muscetta, Carlo..........................21

Mussi, Fabio 84, 118, 123, 128, 130 e seg., 135, 142 e segg.

Mussolini, Benito. 12, 15, 19 e seg., 51

Mustillo, Alessandro.................171

Musumeci, Nello......................185

Nagy, Imre..................................30

Napolitano, Giorgio 28, 86, 97, 119, 126, 151, 157 e seg.

Nappi, Gianfranco..........107 e seg.

Nardi, Martina..........................165

Natali, Norberto.................82, 103

Natoli, Aldo................................24

Natta, Alessandro....27 e segg., 86, 88, 98

Nenni, Pietro. 17, 21, 31, 48, 90, 98

Nenni. Pietro.............................17

Nerozzi, Paolo...........................124

Neruzzi, Paolo..........................138

Nesi, Nerio...............................117

Nicolais, Luigi...........................128

Nigra, Alberto.................130 e seg.

Novella, Agostino......................19

Novelli, Diego....................93, 124

Obino, Antonello........................64

Occhetto, Achille.....29 e seg., 84 e seg., 87 e seg., 90 e seg., 93 e segg., 98 e segg., 102, 104, 106, 110, 118, 124, 133

Oggionni, Simone....................166

Oliveiro, Gerardo Maria............166

Orfini, Matteo...........163, 178, 182

Orlando, Andrea......158, 163, 174, 182

Orlando, Leoluca.....93, 154 e seg., 181, 184

Owen, Robert...........................188

Pagliarulo, Gianfranco......126, 139

Pajetta, Giancarlo....................191

Palermi, Manuela....................172

Pallante, Antonio........................21

Palumbio, Nadia......................128

Panini, Enrico...........................124

Panotti, Michele.......................104

Panzino, Simona......................125

Paoletti, Nerina Lucia.................69

Papaleo, Igor...........................128

Pappalardi, Michelangelo...........49

Parisi, Arturo....................123, 145

Parlato, Valentino.......................24

Parodi, Giovanni........................13

Parodi, Lorenzo.................74 e seg.

Pasca, Mino...............................69

Pasolini, Pier Paolo...................194

Pastorino, Luca...............167 e seg.

Patta, Gian Paolo.....................146

Pecoraro Scanio, Alfonso..........125

Pellegrini, Giovanni....................17

Pellilli, Antonio........................128

Perrone, Ottorino.............49 e seg.

Pertini, Sandro..............11, 17, 120

Peruzzi, Valter............................64

Pesce, Osvaldo......60, 63 e seg., 66

Pettinari, Luciano.............100, 107

Piazzoni, Ileana.......................165

Pierattini, Patrizia.......................69

Pigliaru, Francesco...................164

Pilozzi, Nazzareno....................165

Pinazza, Alfonso.........................57

Pinochet, Augusto......................25

Pinotti, Roberta...............163, 174

Pinto, Mimmo..................37 e seg.

Pintor, Luigi................................24

Pisapia, Giuliano. .176 e seg., 181 e seg.

Pisone, Ugo...............................60

Pittella, Gianni.........................161

Podda, Carlo............................124

Podrecca, Guido.......................201

Pol Pot.......................................70

Polano, Luigi........................10, 13

Poletti, Giuliano.......................174

Pollastrini, Barbara...........128, 136

Pottier, Eugéne...................13, 201

Previato, Sonia...........................46

Previti, Cesare...........................92

Procaccini, Cesare....................159

Prodi, Romano. 40, 96 e seg., 108 e seg., 113 e segg., 120 e segg.,

125, 127 e segg., 134, 136 e seg., 145, 158, 184

Proudhon, Pierre-Joseph..........188

Puppato, Laura........................153

Quaranta, Mario.........................60

Quartana, Pino........................155

Quartana, Pino A......................146

Raggi, Virginia........................170

Ragosta, Michele.....................165

Raimondi, Luciano......62, 73 e seg.

Raiola, Peppe..........................128

Rajk, Làszlò..............................72

Ravazzoli, Paolo...................15, 32

Ravera, Camilla.........................16

Reale, Eugenio..........................21

Reed, John..............................186

Regis, Giuseppe...............60 e seg.

Renzi, Matteo......153, 159 e segg., 163 e seg., 168, 173, 175, 178, 181 e seg., 184

Repossi, Luigi............10, **12,** 13, 53

Revelli, Marco.........................162

Riboldi, Ezio.............................14

Ricci, Francesco......................127

Ricci, Guido............................186

Rinaldini, Gianni......................124

Risaliti, Livio....................63 e seg.

Risalti, Livio.............................60

Rizzo, Marco. .133, 142, 146 e seg., 171, 186

Robotti, Luca..........................142

Rocchi, Augusto.......................144

Rodotà, Stefano.........................90

Romita, Giuseppe.......................17

Rosato, Ettore.........................183

Rossanda, Rossana.........24, 26, 61

Rossi, Enrico...........................178

Rossi, Fernando.................126, 129

Rossi, Massimo........................148

Rostagno, Mauro........................37

Rostellato, Gessica...................167

Roveda, Giovanni.......................17

Ruffolo, Giorgio.........................93

Russo Spena, Giovanni..26, 38, 100

Russo, Enrico............................50

Rutelli, Francesco39, 117, 123, 150

Saint-Simon, Henri de.............188

Salvato, Ersilia....88, 99 e seg., 103, 107

Salvi, Cesare.116 e segg., 123, 130, 146, 148

Sansonetti, Piero.....................144

Santoro, Michele......................122

Sapegno, Natalino......................21

Saragat, Giuseppe.........17, 34, 191

Sartori, Alberto.........................64

Savio, Domenico........................79

Savio, Gennaro..........................79

Sbarbati, Luciana....122 e seg., 150

Scalfaro, Oscar Luigi.................102

Scalfarotto, Ivan......................125

Scavo, Piero.............................64

Schettini, Jacopo G...................136

Schietroma, Gian Franco...92, 115, 132

Schlein, Elly............................168

Schucht, Giulia............................11

Schultz, Martin..........................162

Sciacca, Roberto........................108

Scoccimarro, Mauro..............13, 19

Scognamiglio, Carlo...................114

Scoppola, Pietro..........................93

Scotto, Arturo...................175, 179

Scuderi, Giovanni.......66, 69 e seg.

Secchia, Pietro....................19, 147

Segni, Mariotto................92 e seg.

Semeraro, Michele.....................63

Seniga, Giulio.......................73, 75

Sereni, Marina..........................136

Serrati, Giacinto Menotti...........48

Serri, Rino 88, 99 e seg., 103, 107 e
seg.

Sessa, Cesare.............................13

Slànsky, Rudolf...........................72

Smeriglio, Massimiliano....176, 179

Sofri, Adriano.............................37

Soru, Renato.............................144

Spazzali, Sergio...........................63

Speranza, Roberto. .178 e seg., 182

Spetic, Stojan............................100

Spinelli, Barbara.......................162

Spini, Valdo......112, 123, 130, 132,
135

Stalin, Iosif....7, 14, 16, 18, 23, 31 e
seg., 37, 51, 59, 65, 68, 71, 74,
76, 78, 81, 188

Stefanini, Mauro..........................53

Sylos Labini, Paolo....................124

Tabacci, Bruno..........................153

Tacconi, Alessio........................167

Tajani, Antonio...........................92

Tarsia, Ludovico....................13, 52

Tasca, Angelo..............13, 15 e seg.

Tasca, Pietro...............................48

Tedesco Tatò, Gigliola.................90

Terracini, Umberto...10, 13, 48, 84,
89

Thiella, Luigi...............................63

Tiso, (monsignor).......................72

Tito...71

Togliatti, Palmiro..4, 13, 16 e segg.,
23, 48, 59, 63, 66, 69, 113 e seg.,
199

Tortorella, Aldo.........86 e segg., 98

Toscano, Salvatore...............37, 65

Tranfaglia, Nicola.....................142

Tresso, Pietro.......................15, 32

Trigilia, Carlo............................158

Tripodi, Girolamo......................100

Trombadori, Antonello..............86

Tronti, Mario..............................87

Trotsky, Lev 7, 12, **15,** 16, 31 e seg.,
37, 44, 48 e seg.

Tsipras, Alexis...................162, 164

Turati, Filippo..........9 e seg., 84, 89

Turci, Lanfranco.......................132

Turco, Livia.......84, 97, 115 e segg.,
128, 130

Turigliatto, Franco...37, 40, 42, 129

Tuzzi, Carlo...............................193

Urbani, Giuliano.........................92

Ussi, Arianna............................160

Vaccaro, Guglielmo....................167

Vangeli, Pietro............................77

Vella, Arturo...............................48

Veltri, Elio................................124

Veltroni, Walter.84, 87, 95, 97, 115 e seg., 118, 136 e seg., 139, 144, 184

Vendola, Nichi..99, 125, 141 e seg., 144, 149, 153 e seg., 165, 176

Verdaro, Virgilio...........................50

Vernocchi, Olindo.......................17

Veruggio, Marco.........................45

Viale, Guido.........................37, 162

Vignali, Adriano.........................108

Villani, Ezio...............................17

Villetti, Roberto...............123, 132

Vinci, Luigi..........................35, 100

Visco, Vincenzo......97, 115 e segg., 119

Vitale, Giuseppe.......................100

Vittorini, Elio..............................21

Vizzini, Carlo...............................91

Volponi, Paolo...........................100

Vota, Giuseppe...........................13

Walesa, Lech..............................29

Xoxe, Koci...................................72

Zaccagnini, Adriano..................165

Zaccaria, Guelfo.........................72

Zan, Alessandro........................165

Zani, Mauro..............................130

Zanonato, Flavio.......................158

Zavettieri, Saverio....................132

Zinov'ev, Grigorij Evseevič..........12

Nota di edizione

Questo libro

Ferdinando Leonzio

La diaspora del comunismo italiano

A un secolo dalla Rivoluzione d'Ottobre, una puntuale ricostruzione (1921-2017) della diaspora del comunismo italiano, dei suoi protagonisti e delle formazioni politiche che ne derivarono.

ZeroBook

L'autore

Ferdinando Leonzio (nato nel 1939), appassionato cultore di storia e di ricerca storica, autore anche di articoli, recensioni e prefazioni, già corrispondente dell'*Avanti!* e dell'*Ora*, ha pubblicato i seguenti libri: *Una storia socialista* ; per le edizioni Ddisa: *Lentini 1892-1956, Alchimie, Il culto e la memoria, Socialismo-l'orgia delle scissioni*; ed. a cura del Kiwanis Club di Lentini: *Filadelfo Castro*; per le ed. Aped: *Intervista a Enzo Nicotra, Lentini vota, 13 storie leontine*; per le ed. Divis – SLOVAKIA- spol.sr.o.: *Segretari e leader del socialismo italiano, Breve storia della socialdemocrazia slovacca, La scommessa, Donne del socialismo, La diaspora del socialismo italiano, Cento gocce di vita.*

Per ZeroBook (2017): *Una storia socialista: Lentini 1956-2000, Segretari e leader del socialismo italiano, Breve storia della Socialdemocrazia slovacca, Donne del socialismo, La diaspora del socialismo italiano, Cento gocce di vita.*

Le edizioni ZeroBook

Le edizioni ZeroBook nascono nel 2003 a fianco delle attività di www.girodivite.it. Il claim è: "un'altra editoria è possibile". ZeroBook è una piccola casa editrice attiva soprattutto (ma non solo) nel campo dell'editoriale digitale e nella libera circolazione dei saperi e delle conoscenze.

Quanti sono interessati, possono contattarci via email: zerobook@girodivite.it

O visitare le pagine su: http://www.girodivite.it/-ZeroBook-.html

Ultimi volumi:

Celluloide : storie personaggi recensioni e curiosità cinematografiche / a cura di Piero Buscemi (ISBN 978-88-6711-123-7)

Cento gocce di vita / di Ferdinando Leonzio (ISBN 978-88-6711-121-3)

Donne del socialismo / di Ferdinando Leonzio (ISBN 978-88-6711-117-6)

Neuroni in fuga / Adriano Todaro (ISBN 978-88-6711-111-4)

Parole rubate / redazione Girodivite-ZeroBook (ISBN 978-88-6711-109-1)

Accanto ad un bicchiere di vino : antologia della poesia da Li Po a Rino Gaetano / a cura di Piero Buscemi (ISBN 978-88-6711-107-7, 978-88-6711-108-4)

Il cronoWeb / a cura di Sergio Failla (ISBN 978-88-6711-097-1)

Col volto reclinato sulla sinistra / di Orazio Leotta (ISBN 978-88-6711-023-0)

L'isola dei cani / di Piero Buscemi (ISBN 978-88-6711-037-7)

Saggistica:

I Sessantotto di Sicilia / Pina La Villa, Sergio Failla (ISBN 978-88-6711-067-4)

Il Sessantotto dei giovani leoni / Sergio Failla (ISBN 978-88-6711-069-8)

Antenati: per una storia delle letterature europee: volume primo: dalle origini al Trecento / di Sandro Letta (ISBN 978-88-6711-101-5)

Antenati: per una storia delle letterature europee: volume secondo: dal Quattrocento all'Ottocento / di Sandro Letta (ISBN 978-88-6711-103-9)

Antenati: per una storia delle letterature europee: volume terzo: dal Novecento al Ventunesimo secolo / di Sandro Letta (ISBN 978-88-6711-105-3)

Il cronoWeb / a cura di Sergio Failla (ISBN 978-88-6711-097-1)

Il prima e il Mentre del Web / di Victor Kusak (ISBN 978-88-6711-098-8)

Col volto reclinato sulla sinistra / di Orazio Leotta (ISBN 978-88-6711-023-0)

Il torto del recensore / di Victor Kusak (ISBN 978-6711-051-3)

Elle come leggere / di Pina La Villa (ISBN 978-88-6711-029-2

Segnali di fumo / di Pina La Villa (ISBN 978-88-6711-035-3)

Musica rebelde / di Victor Kusak (ISBN 978-88-6711-025-4)

Il design negli anni Sessanta / di Barbara Failla

Maledetti toscani / di Sandro Letta (ISBN 978-88-6711-053-7)

Socrate al caffé / di Pina La Villa (ISBN 978-88-6711-027-8)

Le tre persone di Pier Vittorio Tondelli / di Alessandra L. Ximenes (ISBN 978-88-6711-047-6)

Del mondo come presenza / di Maria Carla Cunsolo (ISBN 978-88-6711-017-9)

Stanislavskij: il sistema della verità e della menzogna / di Barbara Failla (ISBN 978-88-6711-021-6)

Quando informazione è partecipazione? / di Lorenzo Misuraca (ISBN 978-88-6711-041-4)

L'isola che naviga: per una storia del web in Sicilia / di Sergio Failla

Lo snodo della rete / di Tano Rizza (ISBN 978-88-6711-033-9)

Comunicazioni sonore / di Tano Rizza (ISBN 978-88-6711-013-1)

Radio Alice, Bologna 1977 / di Lorenzo Misuraca (ISBN 978-88-6711-043-8)

L'intelligenza collettiva di Pierre Lévy / di Tano Rizza (ISBN 978-88-6711-031-5)

I ragazzi sono in giro / a cura di Sergio Failla (ISBN 978-88-6711-011-7)

Proverbi siciliani / a cura di Fabio Pulvirenti (ISBN 978-88-6711-015-5)

Parole rubate / redazione Girodivite-ZeroBook (ISBN 978-88-6711-109-1)

Accanto ad un bicchiere di vino : antologia della poesia da Li Po a Rino Gaetano / a cura di Piero Buscemi (ISBN 978-88-6711-107-7, 978-88-6711-108-4)

Neuroni in fuga / Adriano Todaro (ISBN 978-88-6711-111-4)

Celluloide : storie personaggi recensioni e curiosità cinematografiche / a cura di Piero Buscemi (ISBN 978-88-6711-123-7)

Narrativa:

L'isola dei cani / di Piero Buscemi (ISBN 978-88-6711-037-7)

L'anno delle tredici lune / di Sandro Letta (ISBN 978-88-6711-019-3)

Poesia:

Il libro dei piccoli rifiuti molesti / di Victor Kusak (ISBN 978-88-6711-063-6)

L'isola ed altre catastrofi (2000-2010) di Sandro Letta (ISBN 978-88-6711-059-9)

La mancanza dei frigoriferi (1996-1997) / di Sergio Failla (ISBN 978-88-6711-057-5)

Stanze d'uomini e sole (1986-1996) / di Sergio Failla (ISBN 978-88-6711-039-1)

Fragma (1978-1983) / di Sergio Failla (ISBN 978-88-6711-093-3)

Libri fotografici:

I ragni di Praha / di Sergio Failla (ISBN 978-88-6711-049-0)

Transiti / di Vicotr Kusak (ISBN 978-88-6711-055-1)

Ventimetri / di Victor Kusak (ISBN 978-88-6711-095-7)

Opere di Ferdinando Leonzio:

Una storia socialista : Lentini 1956-2000 / di Ferdinando Leonzio (ISBN 978-88-6711-125-1)

Segretari e leader del socialismo italiano / di Ferdinando Leonzio (ISBN 978-88-6711-113-8)

Breve storia della socialdemocrazia slovacca / di Ferdinando Leonzio (ISBN 978-88-6711-115-2)

Donne del socialismo / di Ferdinando Leonzio (ISBN 978-88-6711-117-6)

La diaspora del socialismo italiano / di Ferdinando Leonzio (ISBN 978-88-6711-119-0)

Cento gocce di vita / di Ferdinando Leonzio (ISBN 978-88-6711-121-3)

Cataloghi:

ZeroBook: catalogo dei libri e delle idee 2017

ZeroBook: catalogo dei libri e delle idee 2016

ZeroBook: catalogo dei libri e delle idee 2015

ZeroBook: catalogo dei libri e delle idee 2012

Catalogo ZeroBook 2007

Catalogo ZeroBook 2006

Riviste:

Post/teca, antologia del meglio e del peggio del web italiano

ISSN 2282-2437

http://www.girodivite.it/-Post-teca-.html

Girodivite, segnali dalle città invisibili

ISSN 1970-7061

http://www.girodivite.it

https://www.girodivite.it

www.ingramcontent.com/pod-product-compliance
Lightning Source LLC
Chambersburg PA
CBHW071118280326
41935CB00010B/1044